Zur Aufhebbarkeit von Entscheidungen über die Beendigung eines Schiedsverfahrens als Folge eines Vergleiches

Europäische Hochschulschriften Recht

European University Studies in Law

Publications Universitaires Européennes de Droit

Band/Volume **6205**

Katrin Hansen

Zur Aufhebbarkeit von Entscheidungen über die Beendigung eines Schiedsverfahrens als Folge eines Vergleiches

Die Aufhebungsklage als umfassendes Instrument

PETER LANG

Bibliografische Information der Deutschen Nationalbibliothek
Die Deutsche Nationalbibliothek verzeichnet diese Publikation in der Deutschen Nationalbibliografie; detaillierte bibliografische Daten sind im Internet über http://dnb.d-nb.de abrufbar.

Zugl.: Münster (Westfalen), Univ., Diss., 2020.

D 6
ISSN 0531-7312
ISBN 978-3-631-81831-2 (Print)
E-ISBN 978-3-631-83992-8 (E-PDF)
E-ISBN 978-3-631-83993-5 (EPUB)
E-ISBN 978-3-631-83994-2 (MOBI)
DOI 10.3726/b17773

Peter Lang – Berlin · Bern · Bruxelles · New York · Oxford · Warszawa · Wien

Diese Publikation wurde begutachtet.

www.peterlang.com

Meiner Familie

Vorwort

Die vorliegende Arbeit wurde im Sommersemester 2019 von der Juristischen Fakultät der Westfälischen-Wilhelms Universität zu Münster als Dissertation angenommen. Rechtsprechung und Literatur konnten bis April 2019 berücksichtigt werden.

Meinem Doktorvater, Prof. Dr. Gerald Mäsch, möchte ich insbesondere dafür danken, dass er mein Interesse an der Schiedsgerichtsbarkeit bereits während meiner Teilnahme an dem durch ihn betreuten *Willem C. Vis Moot Court* geweckt und später durch die Betreuung dieser Arbeit weiter gefördert hat. Prof. Dr. Bettina Heiderhoff möchte ich recht herzlich für die zügige Erstellung des Zweitgutachtens danken.

Besonderer Dank gilt außerdem meiner Familie und meinen Freunden, deren fortwährende Unterstützung und Motivation zu einem erfolgreichen Ende dieser Arbeit beigetragen haben. Von Herzen danken möchte ich insbesondere meinem Vater für die stete Gesprächsbereitschaft und seine zahlreichen wertvollen Anregungen sowie meinem Bruder für die Unterstützung auf den letzten Metern.

Berlin, im August 2020

Katrin Hansen

Inhalt

I. Einleitung

1. Themeneinführung

> *„An arbitrator, is an arbitrator, is an arbitrator, whose function it is, not merely to adjudicate the dispute, but also to help resolve it amicably with the co-operation of the parties. „Arbitration" must never be considered as excluding from its purview the* ***settlement*** *of a dispute before the arbitrator: because this is of* ***the essence of the spirit of arbitration.****"*[1]

Die friedliche Lösung ist eine der Hauptsäulen der Schiedsgerichtsbarkeit und ein Großteil der Schiedsverfahren findet sein Ende in einem Vergleich der Parteien. Die Angaben und Untersuchungsergebnisse im Hinblick darauf, in welchem Umfang Schiedsverfahren durch einen Vergleich beendet werden, divergieren zwar, doch eine starke Vergleichsgeneigtheit lässt sich sowohl international wie national klar herausstellen.

Nach einer im Jahr 2008 durchgeführten Studie[2] werden international mehr als ein Drittel aller Schiedsverfahren aufgrund eines Vergleiches der Parteien beendet. Ein Großteil der Vergleiche soll danach bereits in einem frühen Verfahrensstadium, schon vor der ersten Verhandlung, geschlossen werden. Ein entsprechendes Bild wurde auch schon im Jahr 2003 gezeichnet, als Vertreter verschiedener internationaler Schiedsstellen schätzten, dass der Vergleichsanteil aller Schiedsverfahren bei 20 - 30 % liege.[3]

Die bei der Deutschen Institution für Schiedsgerichtsbarkeit geführten Verfahren werden in ca. 30 % der Fälle durch einen Schiedsspruch mit vereinbartem Wortlaut beendet.[4] Die Vergleichsquote soll aber deutlich höher sein. Bei einer Vortragsveranstaltung der DIS im Jahr 2008 soll vorgetragen worden sein, dass

---

1 *Nariman*, The spirit of arbitration, Arbitration International, 2000, Vol. 16 Nr. 3, S. 261.

2 Zugänglich unter: http://www.pwc.co.uk/forensic-services/publications/international-arbitration-2008.jhtml

3 *Eugen Salpuis*, The decision to Settle, Arbitration 2003, 69 (3), S. 155 mit entsprechenden Angaben in Fußnote 1,wonach diese Werte von Vertretern von Schiedsstellen in Tschechien, der Schweiz, Ungarn, Griechenland, Italien und Slowenien im Rahmen einer Konferenz des International Arbitration Centers in Wien am 11. April 2003 bestätigt wurden.

4 *Bredow*, Schiedsspruch mit vereinbartem Wortlaut – Form und Inhalt, SchiedsVZ 2010, S. 295.

55-60% der Verfahren in einem Vergleich endeten und von diesen jeweils die Hälfte als Parteivergleich und als Schiedsspruch mit vereinbartem Wortlaut, so die bezeichneten 30%, endeten.[5]

Nach weiteren Quellen werden statistisch gesehen bis zu 50% der Schiedsverfahren durch einen Vergleich beendet, wobei die Vergleichsgeneigtheit mit dem Voranschreiten des Verfahrens immer weiter zunehmen soll.[6] An anderer Stelle wird ebenso von einer Vergleichsquote von bis zu 60% berichtet.[7]

Auch wenn die Erfahrungen der Berichtenden hinsichtlich des Verfahrensstadiums, in welchem Vergleiche geschlossen werden, voneinander abweichen, besteht jedenfalls Übereinstimmung dahingehend, dass um die Hälfte aller Schiedsverfahren mit einem Vergleich beendet wird.

Nachvollziehbare Gründe für den Vergleichsabschluss sind das Vorliegen einer für beide Seiten kritischen Rechtslage, die Ersparnis von Kosten und Zeit, Bedenken über die Vollstreckungsmöglichkeiten wegen fehlender Vermögenswerte des in Anspruch genommenen Schuldners und insbesondere der Wunsch, eine Geschäftsbeziehung unbeschädigt fortsetzen zu können.

Die Feststellung, dass die Parteien eines Schiedsverfahrens in besonderem Maße dazu neigen, sich im Rahmen eines Vergleiches zu einigen, wird auch in der Literatur bestätigt.[8]

Die Vorteile, welche die vergleichsweise Beendigung eines Schiedsverfahrens aus den bereits genannten Gründen bietet, und der Umstand, dass die gefundene Einigung ihnen das Gefühl vermittelt, nunmehr seien alle Probleme gelöst, verleiten die Parteien zuweilen dazu, Formalien nicht hinreichend zu beachten oder prozessuale Möglichkeiten nicht auszuschöpfen.

Als schiedsgerichtliche Beendigungshandlungen nach einem Vergleich kommen der als Titel vollstreckbare Schiedsspruch mit vereinbartem Wortlaut sowie ein lediglich das Verfahren beendender, aber keine Titulierung des Vergleichsinhaltes umfassender, Beendigungsbeschluss in Betracht.

Im Rahmen einer positiven Vergleichsverhandlung wird vielfach auf einen Schiedsspruch mit vereinbartem Wortlaut verzichtet, sei es, weil die Parteien

---

5 *Dendorfer*, Aktives Vergleichsmanagement – Best Practice oder Faux pas schiedsrichterlicher Tätigkeit?, SchiedsVZ 2009, S. 276.

6 *Stumpe/Haller*, in: Nedden/Herzberg, ICC SchiedsO- DIS SchiedsO, § 32 DIS-SchO Rn. 8 u. H. a. *Dendorfer*, Aktives Vergleichsmanagement – Best Practice oder Faux pas schiedsrichterlicher Tätigkeit?, SchiedsVZ 2009, S. 276.

7 *Berger*, Integration meditativer Elemente in das Schiedsverfahren, RIW 2001, S. 881 (886).

8 *Münch*, Münchener Kommentar ZPO, § 1053 Rn. 2.

dies in der Euphorie über den geschlossenen Vergleich nicht für nötig halten, sei es, weil sie im Vertrauen auf die gegenseitige Geschäftsbeziehung einen Schiedsspruch nicht wollen und es deshalb bei einem Beendigungsbeschluss belassen.

Gegenstand dieser Arbeit ist die rechtliche Prüfung einer Situation, in der die Parteien einen äußerlich wirksamen Vergleich abgeschlossen haben, der aber materiell-rechtliche Wirksamkeitsmängel oder Unklarheiten aufweist und dennoch auf dieser Grundlage zu einer Beendigung des Schiedsverfahrens geführt hat; sei es durch einen Schiedsspruch mit vereinbartem Wortlaut, sei es durch einen Beendigungsbeschluss. Hier stellt sich in besonderer Weise die Frage nach den Rechtsfolgen für die Beendigung des Schiedsverfahrens in ihrer jeweiligen Form.

Die nachfolgende Untersuchung setzt sich vor allem damit auseinander, ob und unter welchen Umständen es möglich ist, Verfahrenshandlungen des Schiedsgerichtes zur Beendigung des Schiedsverfahrens wieder rückgängig zu machen. Was gilt, wenn sich ein Vergleich, auf dessen Grundlage ein Schiedsspruch mit vereinbartem Wortlaut oder ein Beendigungsbeschluss ergangen sind, als materiell unwirksam erweist?

2. Gang der Untersuchung

Als schiedsgerichtliche Beendigungshandlungen werden der Schiedsspruch mit vereinbartem Wortlaut und der Beendigungsbeschluss differenziert und jeweils mit ihren Voraussetzungen und Wirkungen dargestellt. Nach einer Übersicht und grundsätzlichen Anmerkungen zum Schiedsspruch mit vereinbartem Wortlaut sowie seiner Aufhebungsmöglichkeit durch die Aufhebungsklage, setzt sich die Arbeit vor allem damit auseinander, ob und unter welchen Umständen es möglich ist, einen als Folge eines Vergleiches ergangenen Beendigungsbeschluss rückgängig zu machen.

Im Detail wird geprüft, welche Rechtsfolgen das hat und aus welchen Gründen und in welchen Konstellationen sich das als sinnvoll erweisen kann.

Neben der Auseinandersetzung mit der deutschen Rechtslage soll ein Ausblick der Behandlung und der gegebenen Problemstellungen im Rahmen einer internationalen Perspektive eröffnet werden.

3. Stand der juristischen Betrachtung

Der Abschluss eines Vergleiches im Schiedsgerichtsverfahren und der hierauf basierende Schiedsspruch mit vereinbartem Wortlaut sind in umfassender Weise bereits Gegenstand der juristischen Betrachtung. Sowohl im Rahmen der einschlägigen Kommentare zur Zivilprozessordnung als auch in Fachzeitschriften lassen sich in diesem Zusammenhang viele Nachweise finden. Besonders ist in diesem Zusammenhang auf die Dissertation von *Frische*[9] zu verweisen, in der die Voraussetzungen, Wirkungen und Aufhebungsmöglichkeiten des Schiedsspruches mit vereinbartem Wortlaut nach nationalem und internationalem Recht ausführlich dargestellt sind, ferner auf die Dissertation von *Waßmuth*[10], die sich mit der Richtigkeitskontrolle des Schiedsspruches mit vereinbartem Wortlaut und dessen Rechtskraft auseinandersetzt. Aus schweizerischer Sicht ist die Dissertation von *Wiget*[11] zu Vergleichen im Schiedsverfahren zu erwähnen.

In Bezug auf den Beendigungsbeschluss kann der derzeitige Forschungsstand jedoch als noch nicht sehr weit fortgeschritten beschrieben werden.

Die Kommentarliteratur stellt zwar seine Existenz und die entsprechenden Voraussetzungen dar, eine Aufhebungsmöglichkeit wird aber zumeist erläuterungslos abgelehnt.[12]

Lediglich vereinzelte Aufsätze setzen sich bisher mit diesem Problem auseinander, wobei einerseits besonders auf den Aufsatz von *Haas*[13] hinzuweisen ist, der die Möglichkeit der Aufhebung eines Beendigungsbeschlusses verneint, andererseits auf die Ausführungen von *Schütze*[14], der, soweit ersichtlich als Einziger, die Möglichkeit, unter Anwendung des § 1059 ZPO einen Beendigungsbeschluss aufzuheben, ausdrücklich bejaht.

Auf die Praxisrelevanz einer in diesem Zusammenhang häufig auftretenden Konstellation der Fragestellung nach der Aufhebbarkeit von Beendigungsbeschlüssen hat insbesondere *Busse*[15] hingewiesen; es stelle sich als ein Problem dar, dass Parteien zwar verstärkt materielle Vergleiche abschlössen, sich aber nicht über die Verfahrensbeendigung einigten. In solchen Konstellationen

---

9 *Frische*, Verfahrenswirkungen und Rechtskraft gerichtlicher Vergleiche – Nationale Formen und ihre Anerkennung im internationalen Rechtsverkehr, 2006.

10 *Waßmuth*, Richtigkeitskontrolle und Rechtskraft des Schiedsspruches mit vereinbartem Wortlaut, 2013.

11 *Wiget*, Vergleich, Klageanerkennung und Klagerückzug vor Schiedsgerichten unter Einbezug des IPRG, des Konkordats über die Schiedsgerichtsbarkeit sowie den Entwurf einer schweizerischen Zivilprozessordnung, 2008.

12 *Baumbach/Lauterbach/Albers/Hartmann*, ZPO, § 1059 Rn. 3a; *Münch*, in: Münchener Kommentar ZPO, § 1059 Rn. 66; *Voit*, in: Musielak/Voit, ZPO, § 1059 Rn. 4.

13 *Haas*, SchiedsVZ 2010, S. 286.

14 *Schütze*, Gerichtliche Überprüfung von Entscheidungen des Schiedsgerichts, SchiedsVZ 2009, S. 241; Schütze, Schiedsgericht und Schiedsverfahren, S. 135 Rn. 552.

15 *Busse*, SchiedsVZ 2010, S. 57.

komme es häufig vor, dass zwar der Schiedskläger die Fortsetzung des Verfahrens zum Erlass eines Schiedsspruches mit vereinbartem Wortlaut beantrage, das Schiedsgericht dies jedoch verweigere und einen Beendigungsbeschluss mit Verweis auf den Vergleich erlasse.

Kommt es in einem solchen Fall nicht zum Erlass eines Schiedsspruches mit dem im Vergleich vereinbartem Wortlaut, § 1053 I 2 ZPO, ergeht in aller Regel ein Beendigungsbeschluss gemäß § 1056 II 2 ZPO, der sich auf die Feststellung des Schiedsgerichtes reduziert, dass nunmehr das Schiedsverfahren beendet sei. Der Schiedsspruch mit vereinbartem Wortlaut wird dabei als Alternative zu einem Beendigungsbeschluss gesehen, nur andeutungsweise wird vertreten, dass neben einem solchen Schiedsspruch auch noch ein Beendigungsbeschluss ergehen müsse.[16]

Mängel des Vergleiches eröffnen in jeder Konstellation die Frage nach dem rechtlichen Schicksal des Schiedsverfahrens, die für dessen Beendigung durch den Beschluss bislang in Rechtsprechung und Literatur zur Rechtslage in Deutschland nur wenig Beachtung gefunden hat.

Die Recherche in Bezug auf die Einordnung der Problemstellung in eine internationale Perspektive hat Ähnliches ergeben. Während der Vergleich als solcher und die ihm folgende Beendigungsform des Schiedsspruches mit vereinbartem Wortlaut vielfach ausführlich behandelt werden, wird der Beendigungsbeschluss, soweit es diesen als Beendigungsform eines Schiedsverfahrens in der entsprechenden Rechtsordnung überhaupt gibt, nur rudimentär betrachtet. Gerade auch in diesem Zusammenhang stellt sich deshalb die Notwendigkeit einer vertieften wissenschaftlichen Bearbeitung.

16 *Münch*, in: Münchener Kommentar ZPO, § 1053 Rn. 34.

II. Der Vergleich im schiedsgerichtlichen Verfahren

Die Regeln über das Schiedsgerichtsverfahren enthalten ebenso wie diejenigen zum staatlichen Gerichtsverfahren ausdrückliche Bestimmungen über den Umgang mit Vergleichen der Parteien. Vorab soll dargestellt werden, dass eine vergleichsweise Einigung auch im Schiedsverfahren grundsätzlich förderungswürdig ist. Darauffolgend sollen die Voraussetzungen und Konsequenzen eines Vergleiches im Schiedsverfahren beleuchtet werden.

§ 1053 I 1 ZPO meint nicht zwingend, aber in der Praxis regelmäßig, den vom Schiedsgericht vermittelten, so genannten schiedsinternen Vergleich, auch als Voraussetzung für den Schiedsspruch mit vereinbartem Wortlaut gemäß § 1053 I 2 ZPO. Dagegen knüpft § 1056 II 2 ZPO in aller Regel an den von den Parteien außerhalb des Schiedsgerichtsverfahrens behandelten, so genannten schiedsexternen Vergleich, an.[17] Da aber jedenfalls beide Vorschriften als Grundlage für einen Beendigungsbeschluss dienen, ist dieses differenzierende Verständnis nicht zwingend geboten.

Der Schiedsspruch gemäß § 1056 I ZPO, darunter auch derjenige mit vereinbartem Wortlaut gemäß § 1053 I 2 ZPO, wird als reguläre Beendigung des Schiedsverfahrens bezeichnet, die Fälle des § 1056 I 2. Alt. i.V.m. II ZPO beschreiben von der Begrifflichkeit her die irreguläre Beendigung eines Schiedsverfahrens[18]; diese Begrifflichkeit wird nicht durchgängig verwandt, ist jedoch für eine Abgrenzung durchaus geeignet.

1. Förderung der vergleichsweisen Einigung im Schiedsverfahren

Für die ordentliche Gerichtsbarkeit normiert § 278 I ZPO ausdrücklich, dass die Richter zur Förderung von vergleichsweisen Einigungen angehalten sind. Eine entsprechende Regelung ist im Rahmen des Schiedsverfahrensrechts nicht getroffen worden; dennoch ist davon auszugehen, dass dieser Grundsatz übertragbar ist.

---

17 *Münch*, in: Münchener Kommentar ZPO, § 1053 Rn. 4 f.

18 *Münch*, in: Münchener Kommentar ZPO, § 1056 Rn. 4, Rn. 14.

Auch im Schiedsverfahren soll es das Grundanliegen der Schiedsrichter sein, eine einvernehmliche Einigung einer Streitentscheidung vorzuziehen.[19] Der Normzweck des § 278 I ZPO begründet sich in der Beschleunigung des Verfahrens, der Ersparnis von Kosten und der Schaffung von Rechtsfrieden[20]; diese für das Prozessrecht allgemein anerkannten Ziele sollen in allen Instanzen und Verfahrensarten gelten.[21] Daher sind auch die Richter des Schiedsgerichtes gehalten, auf das Zustandekommen von Vergleichen zwischen den Parteien hinzuwirken, deren Bemühungen um ein einvernehmliches Ergebnis zu fördern und das Schiedsverfahren in diese Richtung aktiv mitzugestalten.

Im Spannungsverhältnis hierzu steht der im Schiedsverfahren grundsätzlich vorherrschende Gedanke der Privatautonomie. Im Rahmen dieser soll es den Parteien nicht nur möglich sein, ihre Streitigkeit als solche einem Schiedsverfahren zu unterwerfen,[22] vielmehr sollen sie auch die Gestaltung des Verfahrensgangs übernehmen und ihren Vorstellungen anpassen können.[23] Eine entsprechende Normierung findet sich in § 1042 III ZPO, nach welchem die Parteien vorbehaltlich zwingender Vorschriften das Verfahren selbst oder durch Bezugnahme auf Schiedsordnungen gestalten können. Bloß nachrangig soll das Schiedsgericht die Verfahrensregeln bestimmen, soweit die Parteien eine entsprechende Regelung nicht getroffen haben, § 1042 IV 1 ZPO. Soweit die Parteien nach materiellem Recht vergleichsbefugt, also berechtigt sind, die beabsichtigten Rechtsfolgen im Wege der privatautonomen Vereinbarung herbeizuführen, ist, selbst verfassungsrechtlich, eine Einschränkung der Schiedsgerichtsbarkeit nicht geboten.[24]

Eine Harmonisierung der sich im Grundsatz entgegenstehenden Handlungsansätze, der Förderung einer vergleichsweisen Einigung durch das Schiedsgericht einerseits und dem gegenüberstehend einer unabhängigen, privatautonom getroffenen Entscheidung durch die Parteien andererseits, erscheint jedoch möglich.

Aus § 278 I ZPO ergibt sich lediglich allgemein, dass das Gericht auf eine gütliche Beilegung des Rechtsstreites oder einzelner Streitpunkte hinwirken soll.

---

19 *Prütting*, in: Prütting/Gehrlein, ZPO, § 1053 Rn. 3.

20 *Geisler*, in: Prütting/Gehrlein, ZPO, § 278 Rn. 1.

21 *Leipold*, in: Stein/Jonas, ZPO, § 278 Rn. 3.

22 *Geimer*, in: Zöller, ZPO, Vor § 1025 Rn. 3.

23 *Höttler*, Das fingierte Schiedsverfahren, S. 1.

24 *Hesselbarth*, Schiedsgerichtsbarkeit und Grundgesetz, S. 105.

Das hierzu vorgesehene Instrumentarium der Güteverhandlung findet konkrete Regelungen in § 278 II–V ZPO.

Die Übertragung der Regelungen des § 278 ZPO beschränkt sich aber auf § 278 I ZPO; der dort verankerte Grundgedanke ist mit dem Prinzip der Privatautonomie als vereinbar anzusehen, während die in § 278 II-V ZPO verankerten Regelungen über die Anordnung und Durchführung einer Güteverhandlung von den spezielleren Normen des 10. Buches der ZPO verdrängt werden.[25]

Die Vertiefung und jeweilige Ausgestaltung der unterschiedlichen Ansätze in den verschiedenen Verfahrensordnungen ist für die Praxis letztlich nicht relevant. Ganz allgemein gilt für Schiedsrichter, ebenso wie für staatliche Richter im Übrigen, dass Versuche, eine vergleichsweise Einigung herbeizuführen, auch nicht überstrapaziert werden dürfen. Schiedsrichter und staatliche Richter sind weder Moderatoren noch Mediatoren, sie müssen entscheiden, wenn die Parteien oder eine von ihnen sich hinreichend klar gegen den Abschluss eines Vergleiches aussprechen.[26]

Für die Frage, ob eine Einigung der Parteien unter Mitwirkung des Schiedsgerichtes zustande kommen kann, lässt sich weiter auch zwischen verschiedenen Rechtsordnungen eine Differenzierung aufzeigen. Dabei unterscheiden sich die kontinental-europäische und die anglo-amerikanische Rechtstradition erheblich. Während im kontinental-europäischen Raum das Prozessrecht durch eine aktive Stellung des Gerichtes geprägt ist, wird im Common Law System eine Zurückhaltung des Gerichtes erwartet.[27]

Nach anglo-amerikanischem Rechtsverständnis verhielte sich ein Schiedsrichter, der von sich aus auf den Abschluss eines Vergleiches gerichtete Maßnahmen vornähme, nicht mehr unbefangen. In diesem Zusammenhang werden die Fragestellungen diskutiert, ob ein Schiedsgericht den Parteien eine vorläufige Beurteilung zum Ausgang des Schiedsverfahrens mitteilen, ob ein Schiedsgericht aktiv an Vergleichsgesprächen teilnehmen oder ob ein Schiedsgericht in diesem Rahmen eine Partei auch in Abwesenheit der anderen treffen darf.[28]

Kontinentaleuropäische Schiedsgerichtsordnungen enthalten teils ausdrückliche Regelungen, die auf § 278 I ZPO zurückgehen oder dieser Bestimmung

---

25 *Prütting*, in: Prütting/Gehrlein, ZPO, § 1053 Rn. 4.

26 *Münch*, in: Münchener Kommentar ZPO, § 1053 Rn. 2.

27 *Lachmann*, Handbuch für die Schiedsgerichtspraxis, Rn. 1379 ff.

28 *Patocchi/Niedermaier*, in: Schütze, Institutionelle Schiedsgerichtsbarkeit, 2. Aufl. 2011, S. 833 zu Artikel 34 der Uncitral-Schiedsgerichtsordnung.

inhaltlich entsprechen, etwa § 32 Ziff. 1 der DIS-Schiedsgerichtsordnung[29]. Diese Regelung ist Ausfluss der deutschen Praxis staatlicher Richter, welche die Parteien regelmäßig zu Vergleichsverhandlungen ermutigen.[30] Auch die ICC Schiedsordnung enthält in ihrem Anhang IV, der Darstellung von Verfahrensmanagementtechniken, unter h) einen Hinweis zur vergleichsweisen Beilegung von Streitigkeiten. Diese Regelung eröffnet dem ICC-Schiedsgericht zunächst die Möglichkeit, die Parteien darauf hinzuweisen, dass sie ihre Streitigkeit ganz oder teilweise im Vergleichswege beilegen können.

Bei entsprechender Vereinbarung zwischen den Parteien und dem Schiedsgericht ist es diesem darüber hinaus erlaubt, selbst Vergleichsvorschläge zu machen und entsprechende Verhandlungen zu moderieren. Die Zulässigkeit des Hinweises auf die Möglichkeit einer vergleichsweisen Beilegung schließt gleichzeitig die Annahme aus, ein entsprechender Hinweis eröffne bereits die Möglichkeit eines Befangenheitsantrages.[31]

Anglo-amerikanische Schiedsgerichtsordnungen wie die LCIA oder die AAA Rules enthalten einen entsprechenden Hinweis nicht. Dies verdeutlicht die unterschiedlichen Auffassungen über die Rolle des Schiedsgerichtes und prägt die jeweiligen Auffassungen weiter aus.

Um konträren Vorstellungen der Parteien von der Aufgabe des Schiedsgerichtes entgegenzuwirken, empfehlen *Patocci/Niedermaier* deshalb, insbesondere für den Fall, dass die Parteien aus verschiedenen Rechtsordnungen kommen, mit dem Schiedsgericht zu klären, ob die Parteien überhaupt vergleichsbereit sind und welche Vorstellungen sie von der Rolle des Schiedsgerichtes in diesem Zusammenhang haben.[32]

Im Ergebnis kommt es für das Zustandekommen eines Vergleiches immer und unabhängig davon, ob und in welchem Umfang sich das jeweilige Gericht

---

29 § 32 Ziff. 1 DIS SchiedsO lautet: „*Das Schiedsverfahren soll in jeder Lage des Verfahrens auf eine einvernehmliche Beilegung des Streits oder einzelner Streitpunkte bedacht sein*"; in der englischen Version wird dies noch ausdrücklicher formuliert: „*At every stage of the proceedings, the arbitral tribunal should seek to encourage an amicable settlement of the dispute or of individual issues in dispute.*"

30 *Rützel/Wegen/Wilske*, Commercial Dispute Resolution in Germany, Part 1. Introduction to Commercial Dispute Resolution in Germany, G. Making of Award and Termination Proceedings, S. 170.

31 *Herzberg*, in: Nedden/Herzberg, ICC SchiedsO- DIS SchiedsO, Art. 24/ Anhang Punkt IV ICC-SchO, Rn. 27.

32 *Patocchi/Niedermaier*, in: Schütze, Institutional Arbitration, Art. 36 UNCITRAL Rules, S. 1219 f. Rn. 674.

oder Schiedsgericht insoweit engagieren darf, auf den Willen und das Verhalten der Parteien an. Wollen beide Parteien einen Vergleich, werden sie sich in aller Regel auch im Rahmen derjenigen Rechtsordnungen, die diesem insoweit äußerste Zurückhaltung auferlegen, der Hilfe des Gerichtes bedienen. Wollen beide oder nur eine Partei den Vergleich nicht, wird auch der mit einem großzügigen Instrumentarium zur Herbeiführung eines Vergleiches ausgestattete Richter an einer streitigen Entscheidung nicht vorbeikommen.

Insgesamt bleibt festzuhalten, dass der Rechtsgedanke des § 278 I ZPO auch auf das Schiedsverfahren anwendbar ist und in institutionellen Schiedsordnungen zum Teil sogar eine ausdrückliche Normierung erfahren hat. Die Schiedsrichter sind im Rahmen eines größeren Umfanges an Privatautonomie durchaus auch in Schiedsverfahren gehalten, auf den Abschluss von Vergleichen hinzuwirken. Sie sollten gleichzeitig aber auch nicht außer Acht lassen, dass von ihnen grundsätzlich eine Entscheidung erwartet wird. Häufig haben die Parteien auch bereits vor Einleitung eines Schiedsverfahrens in erfolglos verlaufenen Verhandlungen festgestellt, dass keine Grundlage für den Abschluss eines Vergleiches besteht.

2. Rechtsgrundlagen des schiedsgerichtlichen Vergleiches

Trotz ihrer praktisch hohen Relevanz werden Vergleiche durch schiedsgerichtliche Bestimmungen meist nur rudimentär geregelt.[33]

Der schiedsgerichtliche Vergleich ist in § 1053 ZPO angesprochen. In der Literatur ist umstritten, ob ein Vergleich gemäß § 1053 ZPO an den materiell rechtlichen Regelungen des § 779 BGB zu messen ist.

Teilweise wird davon ausgegangen, dass ein bloßer Konsens der Parteien ausreichend sei und die Anforderungen des § 779 BGB nicht erfüllt werden müssten.[34] Das ergäbe einen Vergleich im Sinne des § 1053 ZPO selbst dann, wenn sich die eine Partei der anderen vollständig anschlösse. Andererseits wird vertreten, dass es sich beim Schiedsvergleich nach § 1053 ZPO um ein feststellendes materielles Rechtsgeschäft im Sinne des § 779 BGB handelt; unabhängig davon, ob er schiedsintern, das heißt durch das Schiedsgericht vermittelt,

---

33 *Horvath/Fischer/Prantel*, in: Troggler/Mohs/Schäfer/Wong, Handbuch Schiedsgerichtsbarkeit, 2. Aufl. 2017, S. 431 Rn. 1298.

34 *Schütze*, Schiedsgericht und Schiedsverfahren, S. 142, Rn. 582; *Bredow*, Schiedsspruch mit vereinbartem Wortlaut – Form und Inhalt, SchiedsVZ 2010, S. 295 (297); *Saenger*, Die Vollstreckung aus Schiedsvergleich und Schiedsspruch mit vereinbartem Wortlaut, MDR 1999, S. 662 (663).

oder schiedsextern, also durch Aushandlung zwischen den Parteien, zustande gekommen sei.[35]

Die Normierung des § 1053 ZPO wird auf Art. 30 des Modellgesetzes[36] zurückgeführt, welcher insofern keine besonderen Anforderungen aufstellt.[37] Für die Geltung der Voraussetzungen des § 779 I BGB spricht dennoch vor allem das Bestreben nach Einheitlichkeit der im Rahmen einer Rechtsordnung geltenden Begriffe. Für den Rückgriff auf die Legaldefinition des Vergleiches in § 779 I BGB wird auch vorgebracht, dass die Gefahr, einen vollstreckbaren Schiedsspruch missbräuchlich zu erlangen, zu hoch sei, wenn die Anforderungen an die Annahme, die Parteien hätten einen Vergleich geschlossen, zu gering seien.[38]

In § 779 I BGB ist als konstitutiver Bestandteil jeden Vergleiches das gegenseitige Nachgeben enthalten. Als solches wird jedes Zugeständnis irgendwelcher Art angesehen, um zu einer Einigung zu kommen. Jedes, auch nur ganz geringfügige, Opfer oder auch nur das subjektive Gefühl, ein Opfer erbracht zu haben, genügen. Gegenseitigkeit liegt vor, wenn jeder Teil deswegen in diesem Sinne nachgibt, weil dies der andere Teil auch tut.[39]

Die Anforderungen an eine vergleichsweise Einigung sind hiernach auch im Anwendungsbereich des § 779 BGB durchaus gering. Das Nachgeben der Parteien bedarf weder einer rechtlichen oder wirtschaftlichen Gleichwertigkeit, noch eines intensiven Verhandlungsprozesses.[40] Es genügt ein gegenseitiges Nachgeben auch nur im Rahmen eines unwichtigen Nebenaspektes oder der Kosten.[41]

Es wird weiter angenommen, dass sich das gegenseitige Nachgeben bei einem Vergleich im Sinne des § 1053 ZPO auf den Streitgegenstand als solchen beziehen

---

35 *Münch*, in: Münchener Kommentar ZPO, § 1053, Rn. 4; *Voit*, in: Musielak/Voit, ZPO, § 1053 Rn. 4.

36 UNCITRAL Model Law on International Commercial Arbitration, welches im Folgenden als Modellgesetz bezeichnet wird.

37 *von Schlabrendorff/Sessler*, in: Böckstiegel/Kröll/Nacimiento, Arbitration in Germany, § 1053 Rn. 8.

38 *Bilda*, Beendigung des Schiedsverfahrens durch Vergleich: Probleme des Schiedsspruchs mit vereinbartem Wortlaut, DB 2004, S. 171 (173 f.).

39 *Sprau*, in: Palandt, BGB, § 779 Rn. 9 f.

40 *Müller*, in Erman, BGB, § 779 Rn. 19.

41 *Lachmann*, Handbuch für die Schiedsgerichtspraxis, Rn. 1807; *Kreindler/Schäfer/Wolf*, Schiedsgerichtsbarkeit-Kompendium für die Praxis, Rn. 993; *Schwab/Walter*, Schiedsgerichtsbarkeit, Kap. 23, Rn. 7; *Voit*, in: Musielak/Voit, ZPO, § 1053 Rn. 4.

müsse.[42] Die Ausführungen bei *Kröll*[43] beziehen sich auf eine Entscheidung des *Oberlandesgerichtes München*[44]. Die Parteien hatten mittels eines Schiedsverfahrens die Satzung einer GmbH festgelegt und hierüber einen Schiedsspruch mit vereinbartem Wortlaut herbeigeführt. Das Oberlandesgericht München kam zu dem Ergebnis, dem schiedsrichterlichen Verfahren habe kein erkennbarer Streitgegenstand zugrunde gelegen, weil es bereits an einer kontradiktorischen Parteienstellung in Bezug auf die Satzung der GmbH gefehlt habe. Mangels auch nur irgendeines gegenseitigen Nachgebens sei überdies in der Feststellung der Satzung der GmbH auch kein Vergleich zu sehen.

Sachverhalte, die schon im wahrsten Sinne des Wortes keinen Streitgegenstand bilden und deren Lösung überdies von Anfang an einvernehmlich erfolgt, können hiernach auf keinen Fall als Vergleich eine Grundlage für die Beendigung eines Schiedsverfahrens bilden, weder für den Erlass eines Schiedsspruches mit vereinbartem Wortlaut gemäß § 1053 I 2 ZPO, noch für einen Beendigungsbeschluss nach § 1056 II 2 ZPO.

Es erscheint insgesamt ratsam, grundsätzlich den Abschluss eines Vergleiches an die Anforderungen des § 779 I BGB zu knüpfen, um beiden Ansichten zu genügen und eine sichere Grundlage dafür zu schaffen, ein schiedsgerichtliches Verfahren zu beenden. Dies gilt insbesondere, wenn die Vollstreckung des Vergleichsinhaltes in Deutschland angestrebt wird.[45]

---

42 *Prütting*, in: Prütting/Gehrlein, ZPO, § 1053 Rn. 6; *Kröll*, Die Entwicklung des Rechts der Schiedsgerichtsbarkeit 2005/2006 NJW 2007, S. 743.

43 *Kröll*, Die Entwicklung des Rechts der Schiedsgerichtsbarkeit 2005/2006, NJW 2007, S. 743.

44 OLG München, GmbHR 2005, 1568.

45 *von Schlabrendorff/Sessler*, in: Böckstiegel/Kröll/Nacimiento, Arbitration in Germany, § 1053 Rn. 9.

III. Die Beendigung des Schiedsverfahrens nach einem Vergleich der Parteien

1. Erfordernis einer Entscheidung des Schiedsgerichtes

Zunächst sind die Rechtsnatur des schiedsgerichtlichen Vergleiches und damit die unmittelbaren Folgen seines Abschlusses einzuordnen.

Dabei wird die prozessuale Situation vor staatlichen Gerichten nach Abschluss eines Vergleiches dargestellt, bevor auf diejenige vor Schiedsgerichten eingegangen wird.

a) Die prozessuale Wirkung des Prozessvergleiches vor staatlichen Gerichten

Ein Prozessvergleich vor einem staatlichen Gericht hat eine Doppelnatur. Er regelt materiell die Ansprüche und Verbindlichkeiten zwischen den Parteien und löst prozessual die Beendigung des Verfahrens aus.[46]

Einem Vergleich, den die Parteien während des laufenden ordentlichen Verfahrens außergerichtlich abschließen, fehlt die prozessuale Wirkung. Er regelt lediglich die materiell-rechtlichen Beziehungen der Parteien, beendet jedoch den Prozess nicht. Je nach Inhalt gewährt er allerdings eine Einrede gegen die Fortsetzung des Verfahrens, die nur bei Unwirksamkeit des Vergleiches entfällt. Soweit es zur Fortsetzung des Verfahrens kommt, entscheidet das Gericht materiell-rechtlich nach dem Inhalt des Vergleiches.[47]

Umgekehrt kann ein Prozessvergleich, der aus prozessrechtlichen Gründen unwirksam ist, als außergerichtlicher Vergleich aufrechterhalten werden, wenn dies dem mutmaßlichen Parteiwillen entspricht. In diesem Fall gestaltet er die materielle Rechtslage. Auch in dieser Konstellation kommt es im Falle eines streitigen Urteils auf den Inhalt des Vergleiches an.[48]

Ergibt sich ein Streit über die Wirksamkeit eines Prozessvergleiches, setzt sich das Verfahren fort. Das gilt in gleicher Weise für die Unwirksamkeit aus prozessrechtlichen Gründen wie für den Streit über die anfängliche materiell-rechtliche Unwirksamkeit des Vergleiches. Die Partei, die den Vergleich für unwirksam hält,

---

46 *Geimer*, in: Zöller, ZPO, § 794 Rn. 3.
47 *Sprau*, in: Palandt, BGB, § 779 Rn. 30a.
48 *Sprau*, in: Palandt, BGB, § 779 Rn. 30a.

muss einen Terminsantrag mit dieser Begründung stellen, die Frage, ob das alte Verfahren fortzusetzen ist oder nicht, unterliegt nicht der Parteivereinbarung.

Erweist sich der Vergleich als unwirksam, endet das Verfahren durch ein den Streit entscheidendes Urteil. Ergibt sich die Wirksamkeit des Vergleiches, wird diese durch ein entsprechendes Feststellungsurteil ausgesprochen. Sind sich die Parteien über den Inhalt eines Prozessvergleiches uneinig, bedarf es der Durchführung eines neuen Verfahrens.[49]

Die Bedingungen des Prozessvergleiches vor einem staatlichen Gericht galten auch für den in § 1044 a ZPO aF normierten Schiedsvergleich.[50] Dieser wurde jedoch im Rahmen der ZPO-Reform durch die Regelung des § 1053 ZPO nF ersetzt.

b) Keine prozessuale Wirkung des schiedsgerichtlichen Vergleiches ohne Entscheidung des Schiedsgerichtes

Anders als vor staatlichen Gerichten könnte die Beendigung eines schiedsgerichtlichen Verfahrens von einem weiteren Agieren des Schiedsgerichtes abhängig sein.

aa) Erkenntnisse aus dem Wortlaut und der Gesetzessystematik

Dafür spricht der Wortlaut des § 1053 I 1 ZPO, nach welchem das Schiedsgericht das Verfahren *„beendet"*, soweit sich die Parteien während des schiedsgerichtlichen Verfahrens über die Streitigkeit einigen.

Dagegen kann vorgebracht werden, dass die Entscheidung, das Verfahren sei nunmehr beendet, nur deklaratorischer Natur sein könne, weil der Wortlaut des § 1056 II ZPO wiederum davon spreche, dass das Schiedsgericht die Beendigung des Verfahrens *„feststelle"*.[51]

So wird vertreten, dass die verfahrensbeendende Entscheidung nur deklaratorisch wirke, da allein *„die Parteien als Herren des Verfahrens dieses einvernehmlich beenden können"*.[52]

---

49 *Sprau,* in: Palandt, BGB, § 779 Rn. 31.

50 *Schwab/Walter*, Schiedsgerichtsbarkeit, Kap. 23 Rn. 5, S. 200.

51 *Haas*, SchiedsVZ 2010, S. 286 (288).

52 *Voit*, in: Musielak/Voit, ZPO, § 1056 Rn. 5; auch Seiler spricht sich für eine Beendigung des Schiedsverfahrens durch den Abschluss des Vergleichs aus: *Seiler*, in: Thomas/Putzo, ZPO, § 1053 Rn. 1.

Neben dem Wortlaut des Gesetzes spricht aber auch dessen Systematik für das Erfordernis einer verfahrensbeendenden Entscheidung:

Soweit man davon ausgehen würde, dass mit einer schiedsgerichtlichen Einigung im Sinne des § 1053 I 1 ZPO das Verfahren automatisch endete, wäre die Normierung des § 1056 II 2 ZPO von lediglich geringer Bedeutung.[53]

Auch der Umstand, dass bei einer Beendigung im Sinne des § 1056 II ZPO eine Kostenentscheidung gemäß § 1057 ZPO zu treffen ist,[54] deutet auf eine entsprechende Wertung hin.

Es erscheint daher überzeugender, die Normierung der §§ 1053 und 1056 ZPO in der Weise zu verstehen, dass der schiedsrichterlichen Entscheidung konstitutive Wirkung zukommt.

bb) Rückschlüsse aus dem Modellgesetz

Als Interpretationsquelle kann ferner Art. 32 II Modellgesetz herangezogen werden, in dessen Text es *„shall issue an order“* heißt und welches weitgehend als Vorlage für die Neuregelung des Schiedsverfahrensrechts diente.[55]

Bei der Entwicklung des Modellgesetzes wurde im Rahmen der Gestaltung des Wortlautes des § 32 II 2b) ausdrücklich erwogen, ob die Beendigungswirkung von einer Erklärung des Schiedsgerichtes oder bereits von der Parteivereinbarung ausgehe. Durchsetzen konnte sich in diesem Zusammenhang die Ansicht, dass *„sowohl aufgrund juristischer als auch technischer Aspekte“* eine Beendigung durch das Schiedsgericht erforderlich sei.[56]

Es entspricht somit auch dem gesetzlichen Leitbild, dass die Wirkungen eines solchen Beschlusses an eine förmliche Verfahrensbeendigung gebunden sind und das Verfahren erst mit dem Tätigwerden des Schiedsgerichtes endet.[57] Eine das schiedsgerichtliche Verfahren aufgrund des geschlossenen Vergleiches beendende Entscheidung des Schiedsgerichtes sollte daher auch in Orientierung an das Modellgesetz als konstitutiv wirkend eingeordnet werden.

---

53 *Schütze*, SchiedsVZ 2009, S. 241 (246).

54 *Geimer*, in: Zöller ZPO, § 1056 Rn. 1.

55 BT-Drucks 13/5274, Allgemeiner Teil der Begründung, S. 24.

56 *Holtzmann/Neuhaus*, A guide to the UNCITRAL Model Law on International Commercial Arbitration: Legislative History and Commentary, S. 871.

57 *Haas*, SchiedsVZ 2010, S. 286 (288).

cc) *Die Gesetzesbegründung des Schiedsrechts in der ZPO als Interpretationsquelle*

Ein damit übereinstimmendes Verständnis spiegelt sich auch in der Gesetzesbegründung zur Neuregelung des Schiedsverfahrensrechts wieder. Im Rahmen der Begründung des den neuen Schiedsvergleich konstituierenden § 1053 ZPO heißt es, wie auch im Wortlaut der Norm, dass das Schiedsgericht das Verfahren *„beendet"*.[58]

Widersprüchlich ist im Rahmen dieser Gesetzesbegründung, weshalb für den Beendigungsbeschluss aufgrund Einvernehmens der Parteien nach § 1056 II 2 ZPO ausgeführt wird, dass diese Regelung der beiderseitigen Erledigungserklärung im Sinne des § 91a ZPO entspreche.[59] Ein zivilgerichtliches Verfahren endet in einem entsprechenden Fall mit der Einigung der Parteien selbst, welche in diesem Zusammenhang als den Prozess beendende Bewirkungshandlung angesehen wird.[60]

Da sich eine entsprechende Diskrepanz jedoch auch bereits im Wortlaut der Normen § 1053 ZPO und § 1056 ZPO aufzeigt, sollte dieser Widerspruch im Ergebnis nicht entscheidend sein. Die Ausgestaltung der Wirkung einer Einigung im Sinne des § 1053 ZPO muss einheitlich betrachtet werden, sodass von der Normierung lediglich einer der Beendigungsmöglichkeiten im Rahmen eines Vergleiches nicht auf die Auslegung der Vergleichsnorm als solche geschlossen werden sollte. Daher soll mit dem gesetzlichen Leitbild davon ausgegangen werden, dass die verfahrensbeendende Wirkung des Beschlusses an eine förmliche Beendigung gebunden ist. Teilweise wird es gerade als Sinn und Zweck der Norm gesehen, Rechtsklarheit zu schaffen, indem aufgrund des Abstellens auf den Beendigungsbeschluss gerade Klarheit über den genauen Zeitpunkt herrscht.[61]

dd) *Umsetzung in der institutionellen Schiedspraxis und Meinung der Lehre*

Das Verständnis einer konstitutiven Entscheidung des Schiedsgerichtes wird auch im Rahmen der Regelungen der Deutschen Institution für Schiedsgerichtsbarkeit bestätigt. Art. 39 II 2 DIS-Schiedsordnung normiert die Möglichkeit

---

58 BT-Drucks 13/5274, Begründung zu § 1053, S. 54.
59 BT-Drucks 13/5274, Begründung zu § 1056, S. 57.
60 *Herget/Althammer*, in: Zöller, ZPO, § 91a Rn. 2.
61 *Haas*, SchiedsVZ 2010, S. 286 (288).

eines entsprechenden Beendigungsbeschlusses aufgrund Parteivereinbarung. In Bezug auf diesen wird kommentiert, dass damit nicht die Parteien, sondern das Schiedsgericht die das Verfahren beendende Entscheidung treffe.[62]

Auch die Mehrheit der Stimmen in der Literatur geht davon aus, dass das schiedsgerichtliche Verfahren mit der Entscheidung des Schiedsgerichtes, unabhängig davon, ob diese als Schiedsspruch oder Beschluss gefasst ist, endet.[63]

Teilweise wird erwogen, ob die Frage der deklaratorischen oder konstitutiven Wirkung eines Beendigungsbeschlusses lediglich begriffsjuristischer oder akademischer Natur sei. Dies wird damit begründet, dass die Notwendigkeit einer förmlichen Verfahrensbeendigung vom Gesetz zwingend vorgegeben sei und es den Parteien nicht etwa freistehe, Schiedsrichter anzuweisen, ihre Tätigkeit einfach zu beenden. Erst der Beschluss hebe das Prozessrechtsverhältnis auf und beseitige die Schiedshängigkeit, die sonst einen zweiten Schiedsprozess sperren würde.[64]

Die Frage der deklaratorischen oder konstitutiven Wirkung eines Beendigungsbeschlusses ist jedoch keineswegs nur begriffsjuristischer oder akademischer Natur. Wenn bereits eine Vereinbarung der Parteien das Verfahren beendete und das Schiedsgericht dies nur noch festzustellen hätte, träten die Folgen der Beendigung bereits zu einem vielleicht nicht näher zu bestimmenden Zeitpunkt vor dem Beendigungsbeschluss ein. Dieser Zeitpunkt könnte aber entscheidend sein, weil mit ihm die halbjährige Nachlauffrist für die Verjährungshemmung, § 204 II 1 BGB, beginne und auch die Schiedsrichtervergütung erst fällig werde, § 614 BGB.[65] Auch zur Vermeidung eines Streites über diesen Zeitpunkt ist es richtig, den Beendigungsbeschluss als konstitutiv anzusehen.

Dem Aspekt, dass der Beendigungsbeschluss den Zeitpunkt für den Beginn der Nachlauffrist eindeutig festlegt, während das bei dem Zustandekommen eines Vergleiches zwischen den Parteien durchaus fraglich sein kann, kommt eine große Bedeutung zu. Er stützt in besonderer Weise die Annahme, dass erst mit Beendigungsbeschluss das Verfahren tatsächlich abschließend und auf diese Weise konstitutiv ist.

---

62 *Aden*, Internationale Handelsschiedsgerichtsbarkeit, Teil C: DIS § 39 Rn. 3.

63 *Münch*, in: Münchener Kommentar ZPO, § 1053 Rn. 3, *Kreindler/Schäfer/Wolff*, Schiedsgerichtsbarkeit – Kompendium für die Praxis, Rn. 882.

64 *Münch*, in: Münchener Kommentar ZPO, § 1056 Rn. 3.

65 *Gerstenmaier*, SchiedsVZ, S. 281 (282).

ee) Resümee

Die Entscheidung des Schiedsgerichtes als konstitutive Beendigung des Schiedsverfahrens zu bewerten, ist nach allen vorgenannten Erwägungen vorzuziehen.

Der Schiedsvergleich kann materiell-rechtliche „*Verpflichtungen begründen und Verfügungen bewirken*“;[66] es fehlt ihm jedoch eine immanente prozessuale Wirkung, sodass ihm keine Doppelnatur zugesprochen werden kann.[67] Auf die Frage nach seiner Wirksamkeit kommt es, was die Beendigung des Verfahrens anbetrifft, vor der Entscheidung des Schiedsgerichtes nicht an.

Die Ablehnung der Doppelwirkung eines Schiedsvergleiches in Bezug auf die prozessuale Ebene begründet das Erfordernis einer verfahrensbeendenden Entscheidung durch das Schiedsgericht in einer konstitutiv wirkenden Form.[68] Allein der Abschluss eines außergerichtlichen oder gerichtlichen Vergleiches zwischen den Parteien ergibt die Beendigung des Schiedsgerichtsverfahrens noch nicht.[69] Damit handelt es sich bei einem solchen Vergleich zunächst lediglich um einen materiell-rechtlichen Feststellungsvertrag, welcher stets der das Verfahren beendenden Deklaration des Schiedsgerichtes vorausgeht.[70]

Zwischen dem materiell-rechtlichen Vergleich und der Beendigungsentscheidung ist scharf zu trennen. Auf die Frage nach seiner Wirksamkeit kommt es, was die Beendigung des Verfahrens anbetrifft, vor der Entscheidung des Schiedsgerichtes nicht an. So bleibt etwa der Bestand des zu Grunde liegenden Vergleiches von der möglichen Aufhebung des Schiedsspruches mit vereinbartem Wortlaut unberührt. Umgekehrt gilt das grundsätzlich auch. Die wirksame Anfechtung des Vergleiches lässt den Bestand des Schiedsspruches ebenfalls unberührt.[71]

2. Entscheidungsformen des Schiedsgerichtes

Welche formalen Rechtsfolgen sich an den Abschluss eines Vergleiches knüpfen, hängt im Schiedsgerichtsverfahren vom Willen der Parteien ab; anders als bei

---

66 *Münch*, in: Münchener Kommentar ZPO, Band 3, § 1053 Rn. 4.

67 *Voit*, in: Musielak/Voit, ZPO, § 1053 Rn. 12; *Münch*, in: Münchener Kommentar ZPO, § 1053 Rn. 42; *a.A. Schwab/Walter*, Schiedsgerichtsbarkeit, Kap. 23 Rn. 6.

68 *Münch*, in: Münchener Kommentar ZPO, § 1056 Rn. 3; *Haas*, SchiedsVZ 2010, S. 286 (288).

69 *Sponheimer*, in: Festschrift Kaissis, S. 933 (934).

70 *Münch*, in Münchener Kommentar ZPO, Band 3, § 1053 Rn. 34, 41.

71 *Bredow*, Schiedsspruch mit vereinbartem Wortlaut – Form und Inhalt SchiedsVZ 2010, S. 295 (301).

dem wirksamen Prozessvergleich ist aufgrund der Ablehnung seiner Doppelwirkung immer noch ein Agieren des Schiedsgerichtes erforderlich.

Soweit die Parteien nicht auf eine Beendigung des Verfahrens hinwirken, bleibt das schiedsgerichtliche Verfahren anhängig und berücksichtigt im Folgenden, wenn es nicht zu einer der vorgesehenen Beendigungsarten kommt, materiell-rechtlich die aus dem Vergleich entstandenen Ansprüche.[72]

Soweit die Parteien auf eine verfahrensbeendende Entscheidung des Schiedsgerichtes hinwirken, besteht ein Wahlrecht zwischen dem Erlass eines Schiedsspruches mit vereinbartem Wortlaut oder lediglich einem Beendigungsbeschluss. Das Verhältnis der beiden Entscheidungsformen ist nicht eindeutig geregelt:

Der Schiedsspruch mit vereinbartem Wortlaut ergeht nach § 1053 I 2 ZPO, wenn die Parteien dies beantragen. Weil § 1053 I 1 ZPO und § 1053 I 2 ZPO nebeneinander stehen, ist es jedenfalls dem Wortlaut des § 1053 I ZPO nicht zu entnehmen, dass die Beendigungsentscheidung nach § 1053 I 1 ZPO entbehrlich sei, wenn die Parteien nach § 1053 I 2 ZPO vorgehen. § 1053 I 1 ZPO spricht ohne Bezug auf § 1056 II 2 ZPO davon, dass eine Beendigung des schiedsrichterlichen Verfahrens bei Abschluss eines Vergleiches erfolge. Es entspricht dennoch der wohl allgemeinen Auffassung, dass § 1053 I 1 ZPO zum Verfahren auf § 1056 II 2 ZPO und damit auf den Erlass eines Beendigungsbeschlusses verweise.[73] *Münch* bezeichnet das Verhältnis zwischen § 1053 I 1 ZPO und § 1056 II 2 ZPO als dunkel, genau genommen sage § 1053 I 1 ZPO nur, dass das Verfahren zu beenden sei, nicht aber wie.[74]

Die Anwendung des § 1056 II 2 ZPO erscheint als die richtige Vorgehensweise, weil diese Bestimmung genau den Fall des § 1053 I 1 ZPO aufgreift.

Inwieweit jedoch neben einem Schiedsspruch mit vereinbartem Wortlaut nach § 1053 I 2 ZPO auch ein Beendigungsbeschluss nach § 1053 I 1 ZPO und § 1056 II 2 ZPO erforderlich ist, wird an späterer Stelle noch zu untersuchen sein.[75]

a) Schiedsspruch mit vereinbartem Wortlaut

Der Schiedsspruch mit vereinbartem Wortlaut stellt einen echten Schiedsspruch dar, der zwar mit einem von den Parteien vereinbarten Wortlaut ergeht, sich

72 *Münch*, in: Münchener Kommentar ZPO, Band 3, § 1053 Rn. 58.

73 Vergleiche etwa: *Geimer*, in: Zöller ZPO, § 1053 Rn. 1.

74 *Münch*, in: Münchener Kommentar ZPO, § 1053 Rn. 34.

75 Vgl. V. 2 b).

aber in seiner Ausgestaltung und Wirkung dennoch nicht von einem „*streitig*“ ergangenen Schiedsspruch unterscheidet.[76]

Es ist zu beachten, dass ein Schiedsspruch mit vereinbartem Wortlaut nicht automatisch zur vollständigen Streitbereinigung führen muss und insoweit im Einzelfall doch ein Unterschied zu einer streitigen Entscheidung des Schiedsgerichtes vorliegen kann. Der Schiedsspruch muss die Streitigkeit nicht vollständig abdecken. Das Schiedsgericht soll verpflichtet sein, von Amts wegen zu ermitteln, ob der Vergleich, den die Parteien ihm zum Erlass eines Schiedsspruches mit vereinbartem Wortlaut mitteilen, zu einer Teil- oder Vollerledigung führt, und dieses festzuhalten.[77]

b) Beendigungsbeschluss

Anderenfalls folgt in der Regel aus dem Abschluss eines Vergleiches der Parteien eine förmliche Verfahrensbeendigung auf der Grundlage dessen, was die Parteien an prozessualen Folgen vereinbart haben.[78] Mit einem entsprechenden Beendigungsbeschluss endet die Schiedshängigkeit, Vollstreckungsmöglichkeiten ergeben sich aus einem Beendigungsbeschluss nicht.

Der außergerichtliche Abschluss eines Vergleiches als solcher lässt das Schiedsverfahren unberührt; dieses bleibt anhängig, der Vergleich bewirkt weder die Beendigung des Schiedsvertrages, noch ist er als Kündigung der Schiedsrichterverträge anzusehen, das gilt auch für den Fall der bloßen Anzeige des Vergleiches an das Schiedsgericht.[79]

Es liegt nahe, dass die Parteien, wenn sie einen Schiedsspruch mit vereinbartem Wortlaut nicht wollen, in dem Vergleich wenigstens regeln, dass ein Beendigungsbeschluss herbeigeführt wird. Gibt es insoweit keine Regelungen und betreiben die Parteien das Verfahren trotz Aufforderung nicht weiter, kann das Schiedsgericht gemäß § 1056 II 3 die Beendigung des schiedsrichterlichen Verfahrens feststellen.[80]

---

76 *Münch*, in: Münchener Kommentar ZPO, § 1053 Rn. 6.

77 *Münch*, in: Münchener Kommentar ZPO, § 1053 Rn. 37.

78 *Lachmann*, Handbuch für die Schiedsgerichtspraxis, Rn. 1845 ff.; *Münch*, in: Münchener Kommentar ZPO, § 1053 Rn. 6.

79 *Münch*, in: Münchener Kommentar ZPO, § 1053 Rn. 58.

80 *Münch*, in: Münchener Kommentar ZPO, § 1053 Rn. 59.

3. Beendigung bei Vergleichsabschluss vor Konstituierung des Schiedsgerichtes

Die Tatbestandsmerkmale des § 1053 I ZPO sind ihrem Wortlaut nach nur gegeben, soweit der Vergleich während des schiedsgerichtlichen Verfahrens geschlossen wurde. Soweit die Parteien keine abweichende Regelung getroffen haben, beginnt das Schiedsverfahren gemäß § 1044 ZPO mit dem Tag, an welchem dem Beklagten der Antrag des Klägers, ein Schiedsverfahren über einen Streitgegenstand einzuleiten, zugeht. Ab diesem Zeitpunkt ist von einer Anwendbarkeit des § 1053 I ZPO auszugehen.

Problematisch ist in diesem Zusammenhang, was passiert, wenn die Parteien nach Eintritt der Schiedshängigkeit den Vergleich abschließen, bevor sich das Schiedsgericht konstituiert hat, welches die erforderliche Beendigung des schiedsgerichtlichen Verfahrens vornehmen kann. Mangels anderer Beendigungsmöglichkeiten könnte man davon ausgehen, dass ein Schiedsgericht auch allein zu diesem Zweck gebildet werden müsste. Jedoch würde die Schiedsrichterbestellung zu diesem Zwecke einen „*funktionslosen und kostspieligen Formalismus*“ darstellen, weshalb solche Verfahren in der Praxis nicht durchgeführt werden.[81]

Soweit die Parteien jedoch zwingend auf eine schiedsrichterliche Entscheidung angewiesen sind, sollte es ihnen möglich sein, nach Abschluss eines Vergleiches vor oder nach Erhebung der Schiedsklage den Erlass eines Schiedsspruches mit vereinbartem Wortlaut herbeizuführen.

Auch in diesem Fall läge streng genommen zum Zeitpunkt des Eintrittes der Schiedshängigkeit oder der Konstituierung des Schiedsgerichtes kein Streitgegenstand in dem Sinne (mehr) vor, dass sich unterschiedliche Positionen streitig gegenüberstünden. Anders als etwa in dem von dem *Oberlandesgericht München*[82] entschiedenen Fall hätte aber zumindest zu irgendeinem Zeitpunkt irgendeine Streitigkeit bestanden und, das müssten die Parteien als Bestandteil des Vergleiches regeln, die Durchführung oder Fortsetzung des Schiedsverfahrens müsste Bestandteil der von den Parteien insoweit gefundenen Lösung gewesen sein.

---

81 *Lachmann*, Handbuch für die Schiedsgerichtspraxis, Rn. 1858; *Gerstenmaier*, SchiedsVZ 2010, S. 281 (285).

82 *OLG München*, GmbHR 2005, 1570. Die Entscheidung wird ausführlicher im Rahmen der Grundlagen schiedsgerichtlicher Entscheidungen dargestellt, dort mit dem Hinweis darauf, dass der Abschluss eines Vergleichs eine vorangehende Streitigkeit erfordert.

Auf diese Weise gestattete man es den Parteien, eine Entscheidung in Form eines Schiedsspruches zu erlangen, ohne einen Scheinstreit über einen nicht oder bereits nicht mehr bestehenden Streitgegenstand führen zu müssen.[83]

Um die Notwendigkeit einer Scheinstreitigkeit gar nicht erst aufkommen zu lassen, wird einerseits vorgeschlagen, den Vergleich von vornherein unter die Bedingung zu stellen, dass seine formale Umsetzung über einen Schiedsspruch erfolge, andererseits, dass die Parteien ein Mediationsverfahren mit dem Ziel einer Einigung vor oder neben einem Schiedsverfahren führen sollen, welches von vornherein nur eingeleitet würde, um das Ergebnis des Mediationsverfahrens in eine schiedsrichterliche Entscheidung umzusetzen.[84]

Als Folgeproblem der zweiten Konstellation ergibt sich dann allerdings der Umstand, dass fraglich ist, ob eine im Rahmen eines Mediationsverfahrens gefundene Einigung überhaupt in einen Schiedsspruch gekleidet werden kann. § 1053 ZPO ist nicht auf Mediationsverfahren anzuwenden, eine Lösung dieses Folgeproblems wird allerdings darin gesehen, dass der Mediator nach Beendigung der Mediation zum Schiedsrichter bestellt wird, und das Mediationsergebnis als Schiedsspruch mit vereinbartem Wortlaut erlässt.[85]

4. Vergleichsabschluss, der über den schiedsgerichtlichen Streitgegenstand hinausgeht

Vielfach stellt sich das Problem, dass die Parteien Umstände in ihren Vergleich einbeziehen, welche, etwa mangels insoweit getroffener Schiedsgerichtsabrede, über den von dem Schiedsgericht zu entscheidenden Streitgegenstand hinausgehen.

Insoweit ist zunächst danach zu differenzieren, ob es sich bei diesen zusätzlichen Umständen um solche handelt, die zwar nicht der Schiedsvereinbarung unterliegen, aber grundsätzlich schiedsfähig sind, oder um solche, denen bereits die Schiedsfähigkeit fehlt. Darüber hinaus ist fraglich, wie Umstände behandelt werden, welche einer vergleichsweisen Einigung in ordentlichen Gerichtsverfahren nicht zugänglich sind.

---

83 *Voit*, in: Musielak/Voit, ZPO, § 1053 Rn. 3; *von Schlabrendorff/Sessler*, in: Böckstiegel/Kröll/Nacimiento, Arbitration in Germany, § 1053 Rn. 26.

84 *von Schlabrendorff/Sessler*, in: Böckstiegel/Kröll/Nacimiento, Arbitration in Germany, § 1053 Rn. 26.

85 vgl. *Schlosser*, in: Stein/Jonas, ZPO, § 1053 Rn 34.

a) Einbeziehung schiedsfähiger, aber nicht schiedshängiger Umstände

Zunächst soll die Einbeziehung von solchen Umständen erörtert werden, welche zwar nicht Gegenstand des anhängigen Streitgegenstandes oder gar der Schiedsbindung nach § 1029 I ZPO, aber dennoch schiedsfähig sind.

Die objektive Schiedsfähigkeit richtet sich nach § 1030 I ZPO. Hiernach kann jeder vermögensrechtliche Anspruch Gegenstand einer Schiedsvereinbarung sein. Nichtvermögensrechtliche Ansprüche können einer Schiedsvereinbarung nur unterliegen, wenn die Parteien berechtigt sind, über den betroffenen Sachverhalt einen Vergleich abzuschließen. Darüber hinaus müssen die am Streit Beteiligten auch subjektiv schiedsfähig sein.

Die Parteien eines Vergleiches haben in der Praxis vermehrt das Bedürfnis, im Rahmen einer Einigung nicht nur den Streitgegenstand eines bestimmten Schiedsverfahrens, sondern alle noch offenen oder möglichen Streitpunkte beizulegen.[86] Soweit die Parteien hierüber den Erlass eines Schiedsspruches mit vereinbartem Wortlaut anstrebten, müsste das Schiedsgericht eine Entscheidung über grundsätzlich zunächst nicht zugewiesene Umstände treffen.

Handelt es sich bei solchen Umständen um schiedsfähige Gegenstände und sind die Parteien hierüber verfügungsbefugt, nimmt man an, dass eine entsprechende Entscheidung der Parteien über dieses Vorgehen eine konkludente Erweiterung der Schiedsabrede um diese Streitigkeit darstellt.[87] Eine Schiedsabrede ist grundsätzlich in Schriftform zu schließen, fehlt es hieran, gilt § 1031 VI ZPO; der Mangel der Form wird hiernach durch die Einlassung auf die schiedsgerichtliche Verhandlung zur Hauptsache geheilt.

Teilweise wird zwar angenommen, dass das Schiedsgericht nicht gezwungen werden könne, über die infolge einer Erweiterung einbezogenen Umstände zu entscheiden.[88] Das ist jedoch abzulehnen. Es ist die Hauptleistungspflicht der Schiedsrichter, das Verfahren effektiv und wirksam zu beenden.[89] Die Einhaltung dieses Gebotes beinhaltet auch eine Treuepflicht, nach welcher die

86 *Schütze,* in: Festschrift Lorenz, S. 275 (277).

87 *von Schlabrendorff/Sessler,* in: Böckstiegel/Kröll/Nacimiento, Arbitration in Germany, § 1053 Rn. 27; *Schlosser*, in Stein/Jonas, ZPO, § 1053 Rn. 17; *Schütze*, in Festschrift Lorenz, S. 275, 277; *Schütze*, Schiedsgericht und Schiedsverfahren, S. 142 Rn. 582.

88 *Schütze,* in: Festschrift Lorenz, S. 275 (278).

89 *Münch*, in: Münchener Kommentar ZPO, Vor. § 1034 Rn. 18.

Schiedsrichter alles noch Zumutbare unternehmen sollen, um insoweit einen wirksamen Schiedsspruch erlassen zu können.[90]

Die Einbeziehung nicht streitgegenständlicher Umstände mittels der Erweiterung der Schiedsabrede ist hiernach unproblematisch möglich, wodurch auch dem Grundsatz der Prozessökonomie und dem Bedürfnis nach der Schaffung möglichst umfassenden Rechtsfriedens entsprochen wird.[91]

Ein Sonderproblem in Bezug auf die Einbeziehung nicht streitgegenständlicher Umstände kann sich ergeben, wenn ein Drittbezug besteht und der Dritte der Schiedsgerichtsabrede nicht unterliegt. Kann beispielsweise im Schiedsgerichtsverfahren eine Drittschadensliquidation stattfinden, ein Beteiligter einer Schiedsgerichtsabrede und des Schiedsgerichtsverfahrens also Ansprüche geltend machen, die zunächst einmal in der Person eines anderen, der weder eine Schiedsvereinbarung abgeschlossen hat noch am Schiedsverfahren beteiligt ist, entstanden sind? Hinsichtlich der Drittschadensliquidation, welche den Dritten lediglich auf materieller Schadensbegründungsebene einbezieht, scheint eine Einbeziehung grundsätzlich denkbar. Darüber hinaus sollen die ausgiebigen Erörterungen über Einziehungsmöglichkeiten von Dritten in ein Schiedsverfahren an dieser Stelle nicht vertieft dargestellt oder gar untersucht werden. Dennoch bestätigt auch dieser Gedanke, dass eine Ausweitungsmöglichkeit des Streitgegenstandes oder auch der Streitbeteiligten im Sinne der Schaffung möglichst gesamtlösungsorientierter Vergleichsgestaltungen zu befürworten ist.

b) Einbeziehung nicht schiedsfähiger Umstände

In größerem Maße bedenklich ist die Einbeziehung nicht schiedsfähiger Gegenstände in einen Vergleich der Parteien.

aa) Objektive Schiedsfähigkeit

Wie bereits angeschnitten, beurteilt sich die objektive Schiedsfähigkeit nach § 1030 I ZPO; sie liegt vor, soweit der Streitgegenstand vermögensrechtliche Ansprüche betrifft.

Der Begriff des Anspruchs in diesem Sinne erfasst nicht nur die schuldrechtlich klassifizierten materiellen Ansprüche im Sinne des § 194 I BGB, sondern vielmehr auch andere subjektive Rechte.[92] Vermögensrechtlich sind diese

---

90 *Münch*, in: Münchener Kommentar ZPO, Vor. § 1034 Rn. 20.

91 *Voit*, in: Musielak/Voit, ZPO, § 1053 Rn. 4; *Münch*, in: Münchener Kommentar ZPO, § 1053 Rn. 17.

92 *Münch*, in: Münchener Kommentar ZPO, § 1030 Rn. 13.

Ansprüche, soweit sie sich aus einem vermögensrechtlichen Verhältnis ableiten oder sich zumindest auf vermögenswerte Leistungen wie Geld, geldwerte Sachen oder Rechte beziehen.[93]

bb) Subjektive Schiedsfähigkeit

Nach überwiegender Meinung bedeutet die subjektive Schiedsfähigkeit die Befähigung der Beteiligten, eine Schiedsvereinbarung abzuschließen.[94] Die Befähigung der Beteiligten liegt vor, soweit diese geschäftsfähig sind. Bei internationalen Schiedsverfahren richtet sich die Geschäftsfähigkeit gemäß Art. 7 EGBGB nach dem Recht des Staates dem die jeweils zu beurteilende Person angehört.

cc) Einbeziehung in das Schiedsverfahren

Tatsächliche Konstellationen, in welchen sich die Frage nach der Einbeziehung entsprechender Umstände in einen schiedsgerichtlichen Vergleich stellt, erscheinen aus praktischer Sicht bereits unwahrscheinlich, da in einem solchen Fall ein Schiedsverfahren bereits aufgrund mangelnder Zulässigkeit scheitern dürfte.

Ferner spricht gegen die Einbeziehung nicht schiedsfähiger Gegenstände in einen Schiedsvergleich auch, dass gemäß § 1059 II 2 a ZPO ein Schiedsspruch aufzuheben ist, wenn er einen nicht schiedsfähigen Gegenstand betrifft.

Darüber hinaus unterliegt zumindest der Erlass eines Schiedsspruches mit vereinbartem Wortlaut nach § 1053 I 2 ZPO der Voraussetzung, dass der Vergleich nicht gegen den ordre public verstoßen darf.[95] Soweit der Vergleichsgegenstand nicht schiedsfähig ist, wird ein Verstoß gegen den ordre public angenommen.[96]

Nach allem ist davon auszugehen, dass es den Parteien eines Schiedsverfahrens nicht möglich ist, mittels eines Vergleiches einen Schiedsspruch über nicht schiedsfähige Umstände zu erzwingen.[97]

---

93 LG Mönchengladbach, SchiedsVZ 2007, S. 104 (105); *Münch*, in: Münchener Kommentar ZPO, § 1030 Rn. 13.

94 *Münch*, in: Münchener Kommentar ZPO, § 1030 Rn. 11; *Schütze/Tscherning/Wais*, Handbuch des Schiedsverfahrens, S. 303 Rn. 562.

95 Zur Vereinbarkeit eines Vergleichs mit dem ordre public vergleiche vertiefend IV 2 c).

96 *Lachmann*, Handbuch für die Schiedsgerichtspraxis, Rn. 1804.

97 *Schütze*, in: Festschrift Lorenz, S. 275 (278).

c) Einbeziehung schiedsfähiger, aber nicht vergleichsfähiger Umstände

Verfassungsrechtliche Bedenken ergeben sich in Konstellationen, in welchen sich die Parteien über Umstände einigen wollen, über die ein materieller Vergleich nicht geschlossen werden könnte.

aa) Einbeziehung nicht vermögensrechtlicher Ansprüche

Zunächst ist in diesem Zusammenhang darauf hinzuweisen, dass die Schiedsfähigkeit gem. § 1030 I 2 ZPO an der Vergleichsfähigkeit bemessen wird, soweit nicht vermögensrechtliche Ansprüche betroffen sind. Während vermögensrechtliche Ansprüche ohne jedes zusätzliche Erfordernis Gegenstand eines Schiedsverfahrens sein können, sind nicht vermögensrechtliche Ansprüche nur dann schiedsfähig, wenn sie auch vergleichsfähig sind.

Nicht vermögensrechtliche Streitigkeiten sind nicht schiedsfähig, weil der Gesetzgeber insoweit ein staatliches Rechtsschutzmonopol beansprucht. In solchen Fällen soll niemand außer dem staatlichen Richter in der Lage sein, den angestrebten Rechtszustand herbeizuführen, weder die Parteien durch Vergleich, noch ein Schiedsgericht durch Schiedsspruch.[98]

Im Wesentlichen gibt es drei Gruppen wichtiger nicht vermögensrechtlicher Ansprüche, nämlich die Ehe, Familien- und Kindschaftssachen, die Persönlichkeitsrechtsverletzungen und die Streitigkeiten über Vereinsausschlüsse. In § 1030 ZPO ist dabei allein die objektive Schiedsfähigkeit geregelt, d.h. die abstrakte Tauglichkeit der Streitsache als Gegenstand einer Schiedsvereinbarung. Nicht betroffen ist die so genannte subjektive Schiedsfähigkeit, worunter man die konkrete Befähigung der Beteiligten zum Abschluss einer Schiedsvereinbarung versteht.[99]

Die Voraussetzungen des § 1030 I 2 ZPO bedürfen an dieser Stelle keiner Vertiefung. Untersucht werden soll die Einbeziehung schiedsfähiger, aber nicht vergleichsfähiger Umstände. Weil nach § 1030 I 2 ZPO die Schiedsfähigkeit nicht vermögensrechtlicher Umstände aber gerade am Kriterium der Vergleichsfähigkeit gemessen wird, ist ein Auseinanderfallen der Kriterien und mithin die Einschlägigkeit des in Frage stehenden Problems in dieser Konstellation ausgeschlossen.

---

98 *Geimer*, in: Zöller, ZPO, § 1030 Rn. 2.

99 *Münch*, in: Münchener Kommentar ZPO, § 1030 Rn. 11 ff.

bb) Einbeziehung vermögensrechtlicher Ansprüche

Gemäß § 1030 I 1 ZPO sind vermögensrechtliche Ansprüche stets schiedsfähig. Vermögensrechtliche Ansprüche sind solche, die auf ein vermögensrechtliches Verhältnis zurückgeführt werden können und darüber hinaus alle Ansprüche, die auf Geld oder geldwerte Sachen und Rechte gerichtet sind, selbst wenn das zu Grunde liegende Rechtsverhältnis insoweit nicht vermögensrechtlicher Art ist.[100]

Vermögensrechtliche Ansprüche können unabhängig davon in ein Schiedsverfahren einbezogen werden, ob hierüber ein Vergleich abgeschlossen werden kann. Vorschriften über Verfügungs-, Vergleichs- oder Verzichtsverbote, etwa nach § 311b BGB oder nach § 89b HGB oder nach §§ 50, 302 II AktG und §§ 9b, 43 GmbHG, schließen die Schiedsfähigkeit nicht aus. Auch die ausschließliche Zuständigkeit bestimmter Staatsgerichte steht der Schiedsfähigkeit nicht entgegen.[101]

Wenn grundsätzlich alle schiedsfähigen Umstände Gegenstand eines Schiedsverfahrens sein können, müssten sie auch einer gütlichen Einigung zugänglich sein, was in Konsequenz dazu führte, dass auch nicht vergleichsfähige Umstände Teil es schiedsgerichtlichen Vergleiches werden könnten.

Soweit ein solcher Vergleich in einen Schiedsspruch mit vereinbartem Wortlaut gefasst würde, wäre der Vergleichsinhalt einem rechtskräftigen Urteil gleichgestellt, obwohl dies außerhalb der Schiedsgerichtsbarkeit in Bezug auf nicht vergleichsfähige Inhalte nicht möglich wäre.

Es wird deshalb in Betracht gezogen, auch im Rahmen der Schiedsgerichtsbarkeit das Erfordernis der allgemeinen Vergleichsfähigkeit zu verlangen, um eine entsprechende Ungleichbehandlung zu vermeiden.[102]

Das läge in der Tendenz der Auffassungen, von denen ohnehin als kritisch beurteilt wird, parteiautonomen Verabredungen Rechtskraft zuzumessen. Auch wenn die Gleichstellung von rechtskräftigen Urteilen und Schiedssprüchen mit vereinbartem Wortlaut im Bereich der Vollstreckung durchaus sinnvoll erscheint, geht laut *Münch* eine Gleichstellung in Bezug auf Rechtskraftwirkungen zu weit. Es bliebe kein nennenswerter konstitutiver Richterakt erhalten; das

---

100 *Geimer,* in: Zöller, ZPO, § 1030 Rn. 1.

101 *Baumbach/Lauterbach/Albers/Hartmann,* ZPO, § 1030 Rn. 4; *Schütze,* in. Wieczorek/Schütze, ZPO, Band 11, §1030 Rn. 4; *Münch,* in: Münchener Kommentar ZPO, § 1030 Rn. 15.

102 *Voit,* in: Musielak/Voit, ZPO, § 1053 Rn. 1.

Gericht reduziere sich auf eine bloße „*Protokollinstanz*".[103] Unter diesem Blickwinkel müsste es abgelehnt werden, schiedsfähige, aber nicht vergleichsfähige Umstände in einen Vergleich und darauffolgend einen Schiedsspruch mit vereinbartem Wortlaut einzubeziehen.

Voit ist deshalb ebenso der Ansicht, dass entgegen des Wortlautes eine einschränkende Auslegung des § 1030 I 1 ZPO vorzugswürdig erscheine. In der fraglichen Konstellation würde das Schiedsgericht mit seiner Entscheidung sonst eine Rechtsprechung vornehmen, welche gemäß Art. 92 GG jedoch gerade den staatlichen Gerichten vorbehalten sei.[104]

Dem hält *Lachmann* entgegen, dass dann aber nicht alle schiedsfähigen Umstände einer gütlichen Einigung zugänglich wären. Außerdem bestünde die Gefahr, dass die Parteien mittels einer gewissen Prozessgestaltung ein Ergebnis herbeiführten, welches sie ohnehin bereits vergleichsweise vereinbart hätten.[105] Auf diese Weise ergäbe sich die Notwendigkeit, praktisch ineffiziente Verfahren zu führen, um das favorisierte Ergebnis in Form eines Schiedsspruches zu erlangen. Die Einschränkung der Möglichkeit, im Schiedsverfahren eine vergleichsweise Lösung herbeizuführen, widerspräche auch dem grundsätzlichen Ansatz, dass ein Schiedsverfahren vergleichsweise Lösungen fördern soll.

Unter den letztgenannten Aspekten sind die Einbeziehung von Sachverhalten und der Erlass eines Schiedsspruches mit vereinbartem Wortlaut auch über die Grenzen der Vergleichsfähigkeit hinaus im Rahmen der Schiedsfähigkeit möglich.[106]

Aufgrund dieser Erwägungen erscheint es auch aus prozessökonomischer Sicht empfehlenswert, zur Verhinderung einer im Zweifelsfall fragwürdigen Verfahrensgestaltung durch die Parteien die Einbeziehung von nicht vergleichsfähigen Gegenständen zuzulassen. Auch wenn die Problematik in der Literatur eine sehr ausführliche Behandlung erfährt, stellt sie sich in der Praxis jedoch nicht in einem relevanten Umfang.[107]

Eine entsprechende Intention lässt sich auch dem Gesetzesentwurf entnehmen, welcher eine eindeutige Distanzierung von den Begrenzungen der Gegenstände eines Schiedsverfahrens vorsah. Der Entwurf für die Neugestaltung des

---

103 *Münch*, in: Münchener Kommentar, § 1055 Rn. 18.

104 *Voit*, in: Musielak/Voit, ZPO, § 1030 Rn. 1.

105 *Lachmann*, Handbuch für die Schiedsgerichtspraxis, Rn. 1806.

106 *Gottwald*, in: Konsensuale Streitbeilegung, S. 31 (36); *Schlosser*, in: Revision des EuGVÜ – Neues Schiedsverfahrensrecht, S. 163 (178).

107 *Lachmann*, Handbuch für die Schiedsgerichtspraxis, Rn. 1806.

10. Buches der ZPO sollte danach keinerlei Beschränkungen aufweisen, weshalb eine Orientierung am Kriterium der Vergleichsfähigkeit nicht stattfinden sollte und die Vorschriften über Verfügungs-, Vergleichs- oder Verzichtsverbote nicht anzuwenden sein sollten.[108]

Unter Abwägung aller Umstände ist anzunehmen, dass Vergleiche, welche schieds-, aber nicht vergleichsfähige Umstände beinhalten, grundsätzlich im Schiedsverfahren abgeschlossen werden können. Das entspricht praktischen Bedürfnissen und der gesetzgeberischen Intention, den Anwendungsbereich des 10. Buches der ZPO möglichst umfassend zu gestalten.

108 Vgl. Begründung, BT-Drucks. 13/5274, S. 34 (35).

IV. Der Schiedsspruch mit vereinbartem Wortlaut

Der Schiedsspruch mit vereinbartem Wortlaut ist nach § 1053 I 2 ZPO eine Form der *„regulären Beendigung“*[109] des Schiedsverfahrens.

1. Rechtliche Einordnung

Der Schiedsspruch mit vereinbartem Wortlaut dient dazu, den Vergleichstext als Schiedsspruch festzuhalten und dessen Vollstreckbarkeit im Rechtsverkehr wirksam zu sichern.[110] Die Manifestierung des in der Einigung zum Ausdruck kommenden Willens der Parteien und die Vollstreckbarkeit sind die tragenden Auslöser für den Schiedsspruch mit vereinbartem Wortlaut.[111] Er stellt einen „echten“ Schiedsspruch dar und *"hat dieselbe Wirkung wie jeder andere Schiedsspruch zur Sache"* (§ 1053 II 2 ZPO). Die Wirkungen eines Schiedsspruches entsprechen gemäß § 1055 ZPO wiederum denen eines rechtskräftigen gerichtlichen Urteils.

2. Voraussetzungen

a) Vergleich zwischen den Parteien

Zwischen den Parteien muss ein Vergleich mit Prozessbezug getroffen werden. Unter welchen Voraussetzungen und mit welchen Rechtsfolgen ein Vergleich anzunehmen ist, wurde bereits eingangs erörtert. Der Prozessbezug setzt voraus, dass der Regelungsbereich des Vergleiches in persönlicher, zeitlicher und sachlicher Nähe zum Prozess steht.[112] Hierzu muss ein Vergleich von den am Prozess beteiligten Parteien während der Anhängigkeit des Schiedsverfahrens geschlossen werden und sich auf den Inhalt dieses Verfahrens beziehen.

---

109 *Münch*, in: Münchener Kommentar ZPO, § 1053 Rn. 4.

110 *Voit*, in: Musielak/Voit, ZPO, § 1053 Rn. 1; *Münch,* in: Münchener Kommentar ZPO, § 1053 Rn. 1.

111 *Schlosser*, in: Stein/Jonas, ZPO, § 1053 Rn. 12.

112 *Münch*, in: Münchener Kommentar ZPO, § 1053 Rn. 10.

Der abgeschlossene Vergleich als materiell-rechtlicher Vertrag einerseits und der Schiedsspruch mit vereinbartem Wortlaut als prozessualer Rechtssprechungsakt sind dabei klar voneinander zu unterscheiden.[113]

b) Antragserfordernis

aa) Beidseitige Antragstellung

Der Wortlaut des § 1053 I 2 ZPO setzt einen „*Antrag der Parteien*“ voraus. Antragsberechtigt sind nur die am schiedsrichterlichen Verfahren Beteiligten, welche den Vergleich geschlossen haben.[114]

Mit Bezug auf den Wortlaut „*der Parteien*“ wird überwiegend die Antragstellung beider Parteien verlangt.[115] Als ausreichend wird ein ausdrücklich vorgebrachter, übereinstimmender Wille der Parteien erachtet, wofür es auch genüge, wenn eine Partei mit dem Einverständnis der anderen den Antrag stelle.[116] Nicht erforderlich ist insoweit, dass die Antragstellung durch die Parteien gemeinsam erfolgt.[117]

Abzulehnen sind Stimmen, die auch eine einseitige Antragstellung als ausreichend erachten. Neben dem Wortlaut spricht auch der historische Kontext der Norm gegen ein solches Verständnis. Die Grundlage des § 1053 ZPO stellt Art. 30 Modellgesetz dar, in dessen Gesetzesmaterialien deutlich wird, dass zum Schutz der Parteien eine gemeinsame Antragstellung erforderlich ist, da eine materielle Einigung noch nicht ausreiche, um auch einen übereinstimmenden Willen über alle prozessualen Folgen eines Schiedsspruchs zu repräsentieren.[118]

Dies wird auch durch praktische Überlegungen bestätigt. Die Möglichkeit einer einseitigen Antragstellung würde dem von Konsens geprägten Charakter

113 *Theune*, in: Schütze, Institutionelle Schiedsgerichtsbarkeit, S. 215 (zu § 32 DIS- Schiedsgerichtsordnung).

114 *Bilda*, Beendigung des Schiedsverfahrens durch Vergleich: Probleme des Schiedsspruchs mit vereinbartem Wortlaut, DB 2004, S. 171 (172).

115 *Münch*, in: Münchener Kommentar ZPO, § 1053 Rn. 20; *Lachmann*, Handbuch für die Schiedsgerichtspraxis, Rn. 1806; *Gottwald*, in: Konsensuale Streitbeilegung, S. 31 (36).

116 *Frische*, Verfahrenswirkungen und Rechtskraft gerichtlicher Vergleiche, S. 261; welcher sich auf entsprechende Gesetzgebungsmaterialien zum Modellgesetz beruft: *Commission Report*, A/40/17, Rn. 250.

117 *Bredow*, Schiedsspruch mit vereinbartem Wortlaut – Form und Inhalt, SchiedsVZ 2010, 295 (296); *Mankowski*, Der Schiedsspruch mit vereinbartem Wortlaut, ZZP 114 (2001), S. 37 (70 ff.).

118 *Working Group Report*, A/CN.9/233, Rn. 174 f.

des Vergleiches widersprechen und verursachte außerdem die Gefahr, dass der einseitige Antragsteller aus Eigeninteresse versuchen könnte, Nebenabreden oder Bedingungen zu verschweigen.[119]

Darüber hinaus bedarf der Antrag keiner bestimmten Form. Er muss lediglich inhaltlich darauf gerichtet sein, den geschlossenen Vergleich in einen Schiedsspruch kleiden zu lassen und dies deutlich ausdrücken.[120] In der Regel wird der Antrag zu Protokoll des Schiedsgerichtes gestellt.[121]

bb) Möglichkeit der Ersetzung der Antragstellung durch eine Einigung im Vergleich bei einseitiger Verweigerung der Antragstellung

Um auf den "sicheren" Erhalt eines Schiedsspruches mit vereinbartem Wortlaut hinzuwirken, wird teilweise vorgeschlagen, dass die gemeinsame Antragstellung bereits im Vergleich durch die Parteien festgehalten werden solle.[122] Möglicherweise könnte eine solche Vereinbarung die beiderseitige Antragstellung ersetzen und eine prozessuale Konsequenz auslösen.

(1) Ersetzungsmöglichkeit

Zu problematisieren ist die Konstellation, dass die Parteien im Vergleich bereits die Antragstellung vereinbart haben, eine Partei aber später dennoch die Beantragung verweigert. In diesem Fall könnte man annehmen, dass der Erlass des Schiedsspruches in Anknüpfung an den Vergleich gerade im Interesse der Parteien stehen könnte.[123]

Als Orientierung könnten insoweit Prozessverträge dienen, die mit ihrem Abschluss eine prozessuale Wirkung haben. Bloße Prozessvereinbarungen, also Verträge, mittels derer sich Parteien zu einem bestimmten prozessualen Handeln verpflichten, sind dagegen lediglich als schuldrechtliche Vereinbarungen zu qualifizieren.[124] Solchen Verpflichtungen rein materieller Natur kommt gerade keine unmittelbare prozessuale Wirkung zu.[125] Schiedsvergleiche, welche eine

119 *Mankowski*, Der Schiedsspruch mit vereinbartem Wortlaut, ZZP 114 (2001), S. 37 (73 f.).

120 *Bilda*, Beendigung des Schiedsverfahrens durch Vergleich: Probleme des Schiedsspruchs mit vereinbartem Wortlaut, DB 2004, S. 171 f.

121 *Schütze*, Schiedsgericht und Schiedsverfahren, S. 142 Rn. 583.

122 *Schütze*, in: Festschrift Lorenz, S. 275 (277).

123 Im Ergebnis ablehnend: *Gottwald*, in: Konsensuale Streitbeilegung, S. 31 (36).

124 *Greger*, in: Zöller, ZPO, Vor § 128 Rn. 26.

125 *Rosenberg/ Schwab/ Gottwald*, Zivilprozessrecht, § 66 Rn. 3.

Vereinbarung zur Beantragung eines Schiedsspruches mit vereinbartem Wortlaut enthalten, werden insoweit jedoch in der zweiten Kategorie eingeordnet.[126]

Das bedeutet, dass die Durchsetzung einer entsprechenden materiell vereinbarten prozessualen Verpflichtung gegen prozessökonomische Erwägungen entweder in der Fortsetzung des laufenden Verfahrens oder in einem Zweitverfahren verfolgt werden müsste. Bei dieser Betrachtung ergibt sich daher kein Mehrwert einer solchen Vereinbarung, weil sich daraus keine Ersetzungsmöglichkeit ergibt.

Es könnten auch weiter gefasste Auffassungen erwogen werden. So könnte man argumentieren, dass bereits die Schiedsvereinbarung das Schiedsgericht ermächtige, einen Schiedsspruch aufgrund der aktuellen Verfahrenslage zu erlassen. Das Schiedsgericht könnte damit ermächtigt sein, einen nur einseitig beantragten Schiedsspruch zu erlassen, welcher die der beantragenden Partei zustehenden Leistungen dokumentiert. Dem ist jedoch entgegenzuhalten, dass die ursprüngliche Schiedsvereinbarung nicht ausreichend ist; *Frische* sieht die Vereinbarung der Parteien zur gemeinsamen Antragstellung jedoch nach den Grundsätzen von Treu und Glauben als Erweiterung der Schiedsabrede an, sodass dadurch eine einseitige Antragstellung zum Erlass eines Schiedsspruches ausreichen sollte, wenn eine Partei diese treuwidrig verweigere.[127]

Der Wortlaut der Norm spricht letztlich eindeutig gegen die Möglichkeit, eine verweigerte Antragstellung durch die Einigung im Vergleich zu ersetzen und verlangt ausdrücklich einen Antrag *„der Parteien"* (§ 1053 I 2 ZPO).

Mithin ist zum Erlass eines Schiedsspruches mit vereinbartem Wortlaut die Antragstellung jeder Partei erforderlich und kann nicht durch eine Einigung im Vergleich ersetzt werden.

(2) Überlegungen zur Abhilfe

Das Schiedsgericht verweigert in einem solchen Fall trotz im Vergleich vereinbarter Antragstellung also zurecht den Erlass eines Schiedsspruches mit vereinbartem Wortlaut.

In einer solchen Konstellation könne der Kläger, so *Theune*, die Schiedsklage zurücknehmen und sie bei einem von den Parteien neu bestellten Schiedsgericht erneut einreichen, die Parteien könnten auch einen Anwaltsvergleich abschließen und dadurch einen Vollstreckungstitel nach § 794 Abs. 1 Nr. 4 b) ZPO erlangen.[128]

---

126 *Frische*, Verfahrenswirkungen und Rechtskraft gerichtlicher Vergleiche, S. 262.
127 *Frische*, Verfahrenswirkungen und Rechtskraft gerichtlicher Vergleiche, S. 263.
128 *Theune*, in: Schütze, Institutional Arbitration, § 32 DIS SchO Rn. 267, S. 272 f.

Diese Überlegungen entsprechen letztlich allerdings nicht der Lebenserfahrung; eine Partei, die sich weigert, einen Vergleich oder einen Teil hiervon zu erfüllen, wird auch an Ersatzlösungen nicht mitwirken.

Man wird davon ausgehen müssen, dass die Beendigung des laufenden Verfahrens durch einen Schiedsspruch auf der Grundlage des gefundenen Vergleiches aufgrund unzureichender Antragstellung ausscheidet.

Dies lässt, wie ebenfalls von *Theune* vorgeschlagen, die Durchführung eines Zweitverfahrens zur Durchsetzung des materiell-rechtlich vereinbarten Vertrages denkbar erscheinen. Insoweit sollte jedoch auch die Fortsetzung des laufenden Schiedsverfahrens unter Anwendung der materiell-rechtlichen Inhalte des Vergleiches in Betracht gezogen werden.

Weil die Verweigerung einer Antragstellung zum Erlass eines Schiedsspruches mit vereinbartem Wortlaut nach Abschluss eines Vergleiches zwischen den Parteien denklogisch symbolisiert, dass die den Antrag nicht stellende Partei mit dem Vergleich im Ergebnis nicht zufrieden ist beziehungsweise dessen Wirksamkeit anzweifelt, erscheint eine weiterführende Verhandlung über den Streitgegenstand vor dem bestehenden Schiedsgericht vorzugwürdig.

In Ermangelung jedweder prozessualen Einigung über die Fortsetzung oder Beendigung des Schiedsverfahrens kann dieses weiterhin nur anhängig bleiben, sodass eine weitergehende Streitführung vor diesem bereits mit dem Streitgegenstand befassten Gericht möglich ist. Insoweit können die materiell-rechtlichen Inhalte des Vergleiches als weitere Verhandlungsgrundlage dienen.

Möglicherweise könnte in dieser Konstellation die Frage nach der Beendigung des Schiedsverfahrens durch den Schiedsspruch in besonderer Weise entschieden werden, weil der Vergleich gegebenenfalls ja gar nicht streitig wäre, sondern lediglich die Frage, ob das Verfahren durch einen Antrag auf Erlass eines Schiedsspruches mit vereinbartem Wortlaut sein Ende gefunden habe. Indem es aber lediglich an den Voraussetzungen zum Erlass eines Schiedsspruches mit vereinbartem Wortlaut, namentlich der entsprechenden Antragstellung fehlt, entscheidet das Schiedsgericht infolgedessen in Form eines „normalen" streitigen Schiedsspruches auf der Grundlage des Sach- und Streitstandes, so auch des Vergleiches.

cc) Rücknahmemöglichkeit des Antrages

Abschließend ist zu erörtern, ob der Antrag, einen Schiedsspruch mit vereinbartem Wortlaut zu erlassen, auch wieder zurückgenommen werden kann.

Mehrheitlich wird davon ausgegangen, dass dies nicht möglich sei. Nach der Stellung eines Antrages durch eine Partei habe die andere Partei die Position erlangt, nunmehr allein durch eine eigene Erklärung die Voraussetzungen für den Erlass des Schiedsspruches zu schaffen, diese sei schützenswert.[129] Es solle einer Partei deshalb verwehrt sein, einen „*kostspieligen Verfahrensstopp herbeizuführen*", da damit „*Ressourcen verspielt oder ineffizient eingefroren*" würden.[130] Teilweise wird die Rücknahme eines Antrages auch mit der Begründung abgelehnt, dass es sich bei einem solchen Antrag um eine einseitige unwiderrufliche Prozesserklärung handele.[131]

Frische steht auf dem Standpunkt, der Antrag stelle bis zum Erlass des Schiedsspruches mit vereinbartem Wortlaut prozessual lediglich eine Erwirkungshandlung dar und seine Rücknahme sei deshalb möglich.[132] Sei die gemeinsame Antragstellung Gegenstand des Vergleichsvertrages, läge im Falle einer Rücknahme ein Verstoß gegen die Grundsätze von Treu und Glauben vor.

Entscheidend gegen die Möglichkeit der Rücknahme sprechen prozessökonomische Aspekte und die Vermeidung missbräuchlichen Vorgehens. Es widerspräche der Prozessökonomie auf bereits kostspielige Verfahrensschritte, beispielsweise einer Beweiserhebung, zu verzichten. Die Möglichkeit einen Antrag zurückzunehmen, verschaffte ein gewisses Erpressungspotential im Hinblick auf die Verbesserung des Vergleichsinhaltes.

Insgesamt erscheint es damit als vorzugswürdig die Rücknahme eine entsprechenden Antrages ohne Zustimmung der anderen Partei nicht zu ermöglichen.

c) Prüfung durch das Schiedsgericht

Zu untersuchen ist, welche Umstände das Schiedsgericht vor dem Erlass eines Schiedsspruches mit vereinbartem Wortlaut zu prüfen hat:

aa) Vereinbarkeit mit dem ordre public

Der Wortlaut des § 1053 I 2 ZPO schreibt für den Erlass eines Schiedsspruches mit vereinbartem Wortlaut eine Prüfung des Schiedsgerichtes in Bezug auf die Vereinbarkeit des getroffenen Vergleiches mit dem ordre public vor.

---

129 *Voit*, in: Musielak/Voit ZPO, § 1053 Rn. 8; Mankowski, Der Schiedsspruch mit vereinbartem Wortlaut, ZZP 114 (2001), S. 37 (74).

130 *Mankowski*, Der Schiedsspruch mit vereinbartem Wortlaut, ZZP 114 (2001), S. 37 (73).

131 *Lachmann*, Handbuch für die Schiedsgerichtspraxis, Rn. 1813; *Münch*, in: Münchener Kommentar ZPO, § 1053 Rn. 21.

132 *Frische*, Verfahrenswirkungen und Rechtskraft gerichtlicher Vergleiche, S. 264.

Der zu erlassende Schiedsspruch darf weder verfahrens- noch materiellrechtlich von den geltenden Rechtsnormen abweichen oder gegen diese verstoßen. Erforderlich ist allerdings eine Abweichung von gewisser Intensität; die Abweichung muss den Kernbereich der geltenden Rechtsordnung betreffen und in ihrem Ausmaß unerträglich sein.[133] In diesem Zusammenhang ist umstritten, ob dabei auf den ordre public interne oder vielmehr auf den ordre public internationale abzustellen ist.[134] *Kornblum* hat insoweit festgestellt, dass hinsichtlich inländischer Entscheidungen vor allem die nationalen Bestimmungen anwendbar sind, aber auch ausländische Entscheidungen, welche im Inland verstreckt werden sollen, an diesem zu messen sind. Dabei werde aber kein *„ordre public transnational"* geschaffen. Es könne lediglich dazu kommen, dass bei engeren nationalen Rechtsstandards der für eine ausländische Entscheidung maßgebliche internationale Begriff bei der Anerkennung und Vollstreckung im Inland verengt werde, was aber von der jeweiligen nationalen Rechtsordnung abhänge.[135] Entscheidend für den ordre public kann damit die jeweils lokale oder eine globale Rechtsordnung sein.

Die entsprechende Norm im Modellgesetz, Art. 30, stellt in diesem Zusammenhang keine Auslegungshilfe dar, da sie einen entsprechenden Vorbehalt nicht vorsieht. Trotzdem könnte das Modellgesetz als Ursprung der Norm insofern in Betracht zu ziehen sein, als dass ein solches Mustergesetz dazu dienen soll, international vergleichbare Standards zu schaffen und deshalb eine Einbeziehung internationaler Standards näherliegen könnte als eine Verwendung nationaler Werte.[136] Eine Gegenmeinung vertritt, dass § 1053 ZPO gerade keine *„spezifische Norm für internationale Schiedsverfahren oder Sachverhalte"* sei und deshalb vielmehr die Anwendbarkeit eines nationalen ordre public Standards gelten solle.[137]

---

133 *Schütze*, Schiedsgericht und Schiedsverfahren, S. 206 Rn. 786; *ders.*, in: Wieczorek/Schütze, ZPO, § 1059 Rn. 58 ff.

134 *Bredow*, Schiedsspruch mit vereinbartem Wortlaut – Form und Inhalt, SchiedsVZ 2010, S. 295 (297), mit Verweis auf: *Schütze*, Festschrift Lorenz, S. 275 (278).

135 *Kornblum*, Festschrift Nagel, S. 137 (155).

136 *Bredow*, Schiedsspruch mit vereinbartem Wortlaut – Form und Inhalt, SchiedsVZ 2010, S. 295 (297 f.).

137 *Bilda*, Beendigung des Schiedsverfahrens durch Vergleich: Probleme des Schiedsspruchs mit vereinbartem Wortlaut DB 2004, S. 171 (174 f.); für die in Deutschland vorherrschenden Vorstellungen spricht sich auch Voit aus: *Voit*, Musielak/Voit, in: ZPO, § 1053 Rn. 10 mit Verweis auf § 1059 Rn. 25.

Teilweise wird in Bezug auf diese Streitigkeit auch kritisch angemerkt, dass es bereits sehr fraglich sei, ob der ordre public sich überhaupt teilen lasse.[138] Es könne nur einen Maßstab geben: Verstoße ein Schiedsspruch mit vereinbartem Wortlaut gegen die Grundsätze der deutschen Rechtsordnung, liege ein Verstoß gegen den ordre public vor, wobei es unerheblich sei, ob der Rechtsstreit eine Auslandsberührung habe, ob ausländische Parteien beteiligt seien oder ob das streitgegenständliche Rechtsverhältnis ausländischem Recht unterliege. Man könne nicht die Hürden wie bei einem Pferderennen *„mal höher oder tiefer legen“*, der ordre public sei unteilbar.[139]

Vor diesem Hintergrund wird ebenfalls diskutiert, ob das Verständnis der Begrifflichkeit ordre public im Rahmen des § 1053 ZPO mit demjenigen übereinstimme, welches für §1059 ZPO gelte. Zum einen wird vertreten, dass die Begriffe deckungsgleich seien.[140] Gestützt auf die Gesetzesmaterialen wird ein Verständnis vertreten, welches den Umfang der Begriffe unterschiedlich bewertet: Soweit der ordre public-Begriff im Sinne des § 1053 ZPO alle Aufhebungsgründe des § 1059 ZPO umfasse, wäre er damit weiter als der einzelne, die ordre public-Widrigkeit betreffende Aufhebungstatbestand des § 1059 ZPO.[141] Teilweise wird das übereinstimmende Verständnis gänzlich abgelehnt, weil der Begriff grundsätzlich im Kontext der jeweiligen Norm auszulegen sei und auch eine Wandelbarkeit erfordere.[142] So meint *Mankowski*, dass es zwischen dem ordre public-Begriff des § 1053 I 2 ZPO und jenem des § 1059 II 2b) ZPO aufgrund des unterschiedlichen Kontrollgegenstandes erhebliche Unterschiede gäbe: Im Rahmen des § 1059 ZPO müsse er vor allem elementare verfassungsrechtliche Grundsätze umfassen, da er im Gleichklang zu den Varianten des § 1059 I 1 ZPO stehe; eine Kontrolle auf prozessuale Mindestanforderungen erscheine bei einem Vergleich derweil nicht zwingend. Der Vergleich beruhe vor allem auf einem Parteikonsens, welcher kein spezielles Vorgehen verlange.[143]

---

138 *Schütze*, in: Festschrift Lorenz, S. 275 (279).

139 *Schütze,* Schiedsgericht und Schiedsverfahren, S. 142 Rn 585.

140 *Voit*, in Musielak/Voit, ZPO, § 1053 Rn. 10; *Schütze*, in Festschrift Lorenz, S. 278; *Kreindler/Schäfer/Wolf*, Schiedsgerichtsbarkeit - Kompendium für die Praxis, Rn. 1001.

141 BT-Drucks. 13/5274, S. 55 f.

142 *Mankowski,* Der Schiedsspruch mit vereinbartem Wortlaut, ZZP 114 (2001), S. 37 (44 ff.); Bilda, Beendigung des Schiedsverfahrens durch Vergleich: Probleme des Schiedsspruchs mit vereinbartem Wortlaut, DB 2004, 171 (174); *Frische*, S. 269 ff. (274 f.).

143 *Mankowski*, Der Schiedsspruch mit vereinbartem Wortlaut, ZZP 114 (2001) S. 37 (47).

Vorliegend wird eine einheitliche Begriffsbestimmung befürwortet. Vorzugswürdig erscheint zum einen, dass eine Vermutung dafür sprechen soll, einen innerhalb eines Gesetzes mehrfach auftretenden Begriff regelmäßig einheitlich auszulegen.[144] Zum anderen überzeugt auch die systematische Einordnung von *Waßmuth*. Dieser argumentiert, dass es andernfalls eine *„systematische Friktion"* gebe: Da bei der Vollstreckbarkeitserklärung durch den Notar über § 1053 IV 2 ZPO der ordre public-Begiff des § 1053 I 2 ZPO gelte, während bei der Vollstreckbarkeitserklärung durch das staatliche Gericht über § 1060 II 1 ZPO aber der des § 1059 II Nr. 2b) ZPO, würde eine unterschiedliche Interpretation der Begriffe in Abhängigkeit des jeweiligen Vollstreckungsorgans zu unterschiedlichen Prüfungsumfängen führen.[145]

Unabhängig von diesen Differenzierungen ist die inhaltliche Bestimmung des Begriffes schwierig. Im Anwendungsbereich des § 1053 I 2 ZPO wird überwiegend angenommen, dass ein interner ordre public Begriff anzuwenden sei.[146] Richtigerweise wird in diesem Zusammenhang aber auch darauf hingewiesen, dass sich eine entsprechende Aussage abschließend nicht treffen lasse. Soweit von ausländischen Parteien ein Verfahren gerade deshalb in Deutschland geführt werde, weil das Land insoweit Neutralität aufweise, sollten vielmehr auch die in den jeweiligen Heimatländern geltenden Rechtsansichten berücksichtigt werden. Der Erlass eines Schiedsspruches mit vereinbartem Wortlaut sollte unter solchen Umständen nicht an einem Verstoß gegen ausschließlich deutsche Rechtsgrundsätze scheitern, wenn die Rechtsgrundsätze in den Herkunftsländern der Beteiligten andere sind.[147] Das kann natürlich nur insoweit gelten, als sich ein Verstoß nicht ausdrücklich gegen deutsche Rechtsgrundsätze wendete.

Eine flexible Handhabung dieser, vielleicht aus praktischer Sicht auch zu dogmatischen, Fragestellung erscheint vorzugswürdig gegenüber dem Festhalten an einem ohnehin kaum starr definierbaren Begriff. Sichere Unvereinbarkeit mit dem ordre public-Begriff sollte dabei jedenfalls in allen Fällen vorliegen, in denen gravierende Verfahrensmängel vorgekommen sind oder die durch den

---

144 *Zippelius*, Methodenlehre, § 10 III a.

145 *Waßmuth*, Richtigkeitskontrolle und Rechtskraft des Schiedsspruches mit vereinbartem Wortlaut S. 38.

146 *Voit*, in: Musielak/Voit, ZPO, § 1053 Rn. 10 unter Verweis auf § 1059 Rn. 25 ff.; *Mankowski*, Der Schiedsspruch mit vereinbartem Wortlaut, ZZP 114 (2001), S. 37 (52).

147 *Bredow*, Schiedsspruch mit vereinbartem Wortlaut – Form und Inhalt, SchiedsVZ 2010, S. 295 (298).

Schiedsspruch angeordnete Rechtsfolge nicht der in Deutschland geltenden öffentlichen Ordnung entspricht.[148] Die ordre public-Klausel des § 1053 I 2 ZPO erfasst hiernach insbesondere diejenigen Fälle, in welchen der Streitgegenstand nicht schiedsfähig ist oder der Vergleich auch gegen international durchzusetzende Verbote verstößt, die von Amts wegen zu beachten sind.[149]

bb) Wirksamkeit des geschlossenen Vergleiches

Auch die Frage, inwieweit das Schiedsgericht verpflichtet ist, die Wirksamkeit und den Bestand des Vergleiches zu prüfen, ist umstritten. § 1053 II 2 ZPO schließt den Erlass eines Schiedsspruches mit vereinbartem Wortlaut nur insoweit aus, als ein Vergleich gegen den ordre public verstößt. Mit dem Wortlaut dieser Norm lässt sich eine vertiefte Prüfungsobliegenheit zur Wirksamkeit des Vergleiches nicht begründen.

Dennoch wird in der Literatur vertreten, das Schiedsgericht müsse vor dem Erlass des Schiedsspruches die Wirksamkeit des Vergleiches, namentlich seine Anfechtbarkeit und einen möglichen Wegfall der Geschäftsgrundlage, prüfen.[150] Dies erscheint auf den ersten Blick überzeugend, weil der (wirksame) Abschluss eines Vergleiches ein Tatbestandsmerkmal des § 1053 I 2 ZPO ist.

Allerdings darf die Prüfungsobliegenheit nicht in eine ausufernde Kontrolle ausarten, um aus prozessökonomischer Sicht interessengerecht zu bleiben:

Soweit das Schiedsgericht die Unwirksamkeit des Vergleiches bereits zu diesem Zeitpunkt erkennt, darf es einen hierauf basierenden Schiedsspruch mit vereinbartem Wortlaut nicht erlassen.[151] Das Schiedsgericht darf sich einer solchen Erkenntnis nicht verschließen und muss deshalb zumindest die Rahmenbedingungen der Wirksamkeit des Vergleiches prüfen.[152]

Es sollte als Mindestanforderungen das Vorliegen übereinstimmender Willenserklärungen sowie die Befugnis der Parteien, einen Vergleich zu schließen, prüfen und bejahen.[153] Es kann nur einen zumindest nach den äußeren Abläufen wirksamen Vergleich in einen Schiedsspruch mit vereinbartem Wortlaut fassen.

---

148 *Voit*, in: Musielak/Voit, ZPO, § 1059 Rn. 25.

149 *Geimer*, in: Zöller, ZPO, § 1053 Rn. 5.

150 *Voit*, in: Musielak/Voit, ZPO, § 1053 Rn. 8; *Sponheimer*, in: Festschrift für Kaissis, S. 933 (934).

151 *Kreindler/Schäfer/Wolff*, Schiedsgerichtsbarkeit – Kompendium für die Praxis, S. 288 Rn. 997.

152 *von Schlabrendorff/Sessler*, in: Böckstiegel/Nacimiento/Kröll: Arbitration in Germany – The Model Law in Practice, § 1053 Rn. 30.

153 *Sponheimer*, in: Festschrift Kaissis, S. 933 (937).

Die Inhaltskontrolle nach § 1053 I 2 HS 2 ZPO betrifft die materielle Gültigkeit des Vergleichsinhaltes lediglich eingeschränkt, und zwar auf die Einhaltung der öffentlichen Ordnung bzw. des ordre public. Hiermit sind auch im Rahmen des § 1053 ZPO alle von Amts wegen zu beachtenden Aufhebungsgründe des § 1059 II 2 ZPO gemeint, einschließlich mangelnder Schiedsfähigkeit des Streitgegenstandes gemäß der Regel des § 1030 ZPO. Die Vergleichsfähigkeit spielt dafür keine Rolle mehr.[154]

Der Parteikonsens wird im Ergebnis mindestens daraufhin zu überprüfen sein, ob das Vorliegen des prozessualen äußeren Tatbestandes von der nötigen prozessualen Dispositionsbefugnis gedeckt ist. So wie es bei Anerkenntnisurteilen gemäß § 307 ZPO auch der Fall ist.

Man wird konsequenterweise noch einen zweiten Schritt gehen und die Nachprüfung auf die materielle Verfügungsbefugnis miterstrecken müssen. Das Schiedsgericht darf aber nicht weitergehend prüfen, ob die vereinbarten Rechtsfolgen auch materiell-rechtlich begründet wären, insoweit ist es an die übereinstimmenden Parteivorgaben strengstens gebunden, soweit es keinen ordre public Verstoß entdeckt.[155]

Auch aus praktischer Sicht erscheint eine entsprechende Einordnung am überzeugendsten. Die Entbehrlichkeit jeglicher Kontrolle im Vertrauen auf eine wirksame Einigung zwischen den Parteien lässt die Wahrscheinlichkeit einer Aufhebung des Schiedsspruches steigen. Der Erlass einer nicht aufhebbaren Entscheidung dürfte wohl auch im Eigeninteresse des Schiedsgerichtes liegen. Gleichzeitig soll im Falle des Vergleichsschlusses das Schiedsverfahren gerade in prozessökonomisch sinnvollem Rahmen zeitnah beendet werden.

3. Erlass und Wirkungen

Gemäß § 1053 II 1 ZPO muss der Schiedsspruch mit vereinbartem Wortlaut in der Form des § 1054 ZPO und somit schriftlich, unterschrieben und unter Angabe von Erlasstag und -ort erlassen werden. Eine Begründungspflicht besteht nicht, § 1054 II 2. HS, 2.Var. ZPO.

Nach § 1053 II 2 ZPO hat der Schiedsspruch mit vereinbartem Wortlaut „*dieselbe Wirkung wie jeder andere Schiedsspruch zur Sache*“, das heißt insbesondere

---

154 *Münch,* in: Münchener Kommentar ZPO, § 1053 Rn. 26, a.A. *Seiler,* in: Thomas/Putzo, § 1053 Rn. 2.

155 *Münch,* in: Münchener Kommentar ZPO, § 1053 Rn. 27.

die des § 1055 ZPO. Mithin steht er einem rechtskräftigen gerichtlichen Urteil gleich und hat so formelle und materielle Rechtskraft.[156]

Nach der hier vertretenen Auffassung führt der Schiedsspruch mit vereinbartem Wortlaut konstitutiv zu der Beendigung des Schiedsverfahrens.[157]

Der Schiedsspruch beendet das Verfahren insgesamt, der Schiedsspruch ist einer Vollstreckbarkeitserklärung zugänglich und unterliegt als solcher ohne Weiteres der Aufhebung.

4. Aufhebbarkeit des Schiedsspruches mit vereinbartem Wortlaut bei Mängeln des schiedsgerichtlichen Vergleiches

a) Auswirkungen der Unwirksamkeit des schiedsgerichtlichen Vergleiches auf den Schiedsspruch mit vereinbartem Wortlaut

aa) Unwirksamkeit des schiedsgerichtlichen Vergleiches

Es ist zu erörtern, unter welchen Umständen die Unwirksamkeit eines Vergleiches angenommen werden kann.

Gottwald führte zu § 1044a ZPO aF aus, dass ein Vergleich unwirksam sei, wenn er mit einer auflösenden Bedingung erlassen worden sei und diese eintrete, wenn ein Widerruf oder Rücktritt erklärt werde, wenn eine aufschiebende Bedingung ausfalle, wenn er wegen Irrtums, arglistiger Täuschung und Drohung erfolgreich angefochten werde, wenn er aufgrund Sittenwidrigkeit oder eines Verstoßes gegen gesetzliche Verbote nichtig sei, wenn eine notwendige vormundschaftliche gerichtliche Genehmigung fehle oder wenn der Inhalt des Vergleiches mit den tatsächlichen Verhältnissen nicht übereinstimme und die Parteien sich bei Kenntnis der wahren Sachlage anders entschieden hätten.[158]

Entsprechende Erwägungen werden auch zu den Vergleichen angestellt, die nach § 1053 I 1 ZPO Grundlage für einen Schiedsspruch mit vereinbartem Wortlaut bilden. Auch hier sind Willensmängel der Parteien als Gründe für die Anfechtung des Vergleiches, insbesondere auch die Täuschung einer Partei durch betrügerisches Verhalten der anderen Partei, Gegenstand der Diskussion.[159] Zur

---

156 *Sponheimer*, in: Festschrift Kaissis, S. 933 (938).

157 Siehe dazu: I 1 b).

158 *Gottwald*, in: Konsensuale Streitbeilegung, S. 31 (33).

159 BGH, Beschluss vom 02.11.2000 – III ZB 55/99, NJW 2001, S. 373; *Lachmann*, Handbuch für die Schiedsgerichtspraxis, Rn. 1825.

Unwirksamkeit eines Vergleiches und damit der Aufhebbarkeit des auf diesem beruhenden Schiedsspruches mit vereinbartem Wortlaut soll es gleichfalls kommen, wenn der Vergleich auf einer sittenwidrigen Schädigung beruht.[160] Die Erschleichung eines Titels auf dieser Grundlage oder dessen Ausnutzung können sich als Auslöser für Ansprüche nach § 826 BGB und damit als Durchbrechung der Rechtskraft darstellen.[161]

bb) Konsequenzen der Unwirksamkeit des Vergleiches

(1) Unmittelbare Wirkung der Unwirksamkeit

Da der Schiedsspruch mit vereinbartem Wortlaut lediglich den Vergleich als solchen in der Form eines Schiedsspruches festhält, ist zunächst zu prüfen, ob die Unwirksamkeit des Vergleiches auch auf den Schiedsspruch durchschlägt. Entsprechendes galt für den Schiedsvergleich nach § 1044 aF ZPO; bei Einschlägigkeit eines Nichtigkeitsgrundes war der Vergleich materiell unwirksam, was dazu führte, dass er als Vollstreckungstitel ausschied und auch das Verfahren galt in dessen Folge als nicht beendet.[162]

Aufgrund des bereits festgestellten Umstandes, dass der Abschluss eines Vergleiches im Schiedsverfahren nach neuem Recht keine Doppelwirkung (mehr) entfaltet, sind die rechtlichen Konsequenzen für den materiell-rechtlichen Vergleich auf der einen, sowie die prozessualen Folgen für den Schiedsspruch auf der anderen Seite losgelöst voneinander zu betrachten.

(2) Mittelbare Wirkung der Unwirksamkeit

Zu untersuchen ist deshalb, inwieweit die Unwirksamkeit des Vergleiches auf den Schiedsspruch mit vereinbartem Wortlaut durchschlagen kann.

(a) Geltendmachung mittels eines Feststellungsverfahrens

Zu erwägen ist, ob es ausreicht die Unwirksamkeit eines Vergleiches im Rahmen eines Feststellungsverfahrens zu prüfen, dessen Ergebnis auf die Feststellung der Wirksamkeit oder Unwirksamkeit des Schiedsspruches mit vereinbartem Wortlaut gerichtet ist.

---

160 BGH, Beschluss vom 02.11.2000 – III ZB 55/99, NJW 2001, S. 373 (374); dazu Anmerkung von *Voit*, ZZP 114 (2001), S. 351 (355); *Lachmann*, Handbuch für die Schiedsgerichtspraxis, Rn. 1826.

161 *Münch*, in: Münchener Kommentar ZPO, § 1053 Rn. 40.

162 *Gottwald*, in: Konsensuale Streitbeilegung, S. 31 (33).

Zu diskutieren wäre insoweit bereits die Zuständigkeit des entscheidenden Gerichts. Ließe sich für einen solchen Antrag die Zuständigkeit der ordentlichen Gerichte begründen oder würde die zwischen den Parteien bestehende Schiedsklausel diesen Rechtsweg ausschließen? Soweit die Zuständigkeit des Schiedsgerichtes angenommen würde, müsste zu diesem Zwecke ein neues Schiedsgericht konstituiert werden? Mit der Beendigung des alten Schiedsverfahrens mittels des Schiedsspruches mit vereinbartem Wortlaut wurde das laufende schiedsgerichtliche Verfahren grundsätzlich zunächst beendet.

Auf entsprechende Erwägungen kommt es jedoch nicht an, da ein Feststellungsantrag ohnehin nicht erfolgversprechend wäre. Die Rechtsordnung bestimmt in § 1055 ZPO, dass dem Schiedsspruch mit vereinbartem Wortlaut die Rechtskraftwirkung eines bestandskräftigen gerichtlichen Urteils zukommt. Die Frage, ob diese kraft Gesetzes angeordnete Wirksamkeit sich aufgrund der Unwirksamkeit des Vergleiches durchbrechen lässt, ist zu verneinen. Selbst die rechtskräftig festgestellte Unwirksamkeit des schiedsgerichtlichen Vergleiches könnte die kraft Gesetzes angeordnete Rechtskraftwirkung des aufgrund des Vergleiches ergangenen Schiedsspruches nicht beeinflussen.[163]

Die Erhebung einer Klage auf die Feststellung der Unwirksamkeit des schiedsgerichtlichen Vergleiches scheidet auch aufgrund eines weiteren prozessualen Aspekts aus: Die Zulässigkeit einer Feststellungsklage erfordert ein Rechtsschutzinteresse in Form eines Feststellungsinteresses, welches nicht gegeben ist, soweit eine weitere effektivere Klagemöglichkeit besteht.[164] Im Verhältnis zu einer Aufhebungsklage ist die Feststellungsklage weit weniger effektiv. Während eine Feststellungsklage lediglich die Unwirksamkeit des Vergleiches feststellen könnte, beseitigt die Aufhebungsklage den bestehenden Titel und eröffnet den Streitstand erneut. Die Möglichkeit des Vorgehens mittels einer im Folgenden noch darzustellenden Aufhebungsklage nach § 1059 ZPO führt daher dazu, dass es der Feststellungsklage bereits an dem für ihre Zulässigkeit notwendigen Rechtsschutzinteresse fehlt.[165]

---

163 *Sponheimer*, in: Festschrift Kaissis, S. 933 (944).

164 Dazu *Geisler*, in: Prütting/Gehrlein, ZPO, § 256 Rn. 19: *„Ein Feststellungsinteresse ist nicht gegeben, wenn dem Kläger ein im Vergleich zu einer Feststellungsklage einfacherer, schnellerer und kostengünstigerer Weg mit einem im Wesentlichen gleichwertigen Verfahrensergebnis zur Verfolgung seines prozessualen Ziels offen steht.“*

165 *Schwab/Walter*, Schiedsgerichtsbarkeit, Kap. 23 Rn. 15.

(b) Keine Korrektur des Schiedsspruches

Die Bestimmung des § 1058 ZPO bietet eine Rechtsgrundlage für die Klarstellung und Ergänzung von Schiedssprüchen, die fehlerhaft sind. Eröffnet werden soll damit eine Korrekturmöglichkeit des Schiedsgerichtes, bevor es zu einer Aufhebung durch staatliche Gerichte kommt. Gemeint sind damit jedoch vor allem Ergänzungen; die gänzliche Abänderung einer Entscheidung ist nicht gestattet, der Grundsatz der Selbstbindung der Gerichte gilt auch für Schiedsgerichte.[166]

Die Korrektur eines zugrunde liegenden unwirksamen Vergleiches kommt damit auf der Grundlage des § 1058 ZPO gerade nicht in Betracht. Zum einen würde eine solche die Abänderung des Schiedsspruches darstellen, zum anderen wird regelmäßig keine "korrigierte Vergleichsversion" bestehen, sodass weitergehende Erwägungen und Verhandlungen erforderlich würden.

(c) Durchführung eines Aufhebungsverfahrens

Der Streit über die Wirksamkeit wird damit ausschließlich in das Aufhebungs- oder Vollstreckbarerklärungsverfahren verlagert. Da die Rechtskraft den Schiedsspruch mit vereinbartem Wortlaut voll gegen Mängel des ihm zu Grunde liegenden Vergleiches immunisiert, können seine Wirkungen nur in einem Aufhebungsverfahren rückgängig gemacht werden.[167] Aufgrund der in § 1055 ZPO angeordneten Rechtskräftigkeit von Schiedssprüchen scheidet eine generelle sachliche Überprüfung dieser vor ordentlichen Gerichten aus. Es kommt vielmehr lediglich ein Aufhebungsverfahren als außerordentlicher, neben dem Schiedssystem stehender Rechtsbehelf gegen Schiedssprüche vor den ordentlichen Gerichten in Betracht.[168] Die bloße Geltendmachung von materiellrechtlichen Mängeln des Vergleiches ist damit nach Erlass des Schiedsspruches mit vereinbartem Wortlaut als solche nicht mehr möglich.[169] Da eine Inhaltskontrolle des Schiedsspruches jenseits des Aufhebungsverfahrens ausscheidet, müssen andernfalls selbst Fehlentscheidungen hingenommen werden, da selbst eine Billigkeits- oder Willkürkontrolle abgelehnt wird.[170]

---

166 *Schroth*, Die „kleine Berufung" gegen Schiedsurteile im deutschen Recht, SchiedsVZ 2007, S. 291 (292).

167 *Bredow*, Schiedsspruch mit vereinbartem Wortlaut – Form und Inhalt, SchiedsVZ, S. 295 (301); *Sponheimer*, FS Kaissis, S. 933 (943 f.); *Münch*, in: Münchener Kommentar ZPO, § 1053 Rn. 40.

168 *Sponheimer*, Gestaltungsfreiheit bei antezipiertem Legalanerkenntnis des Schiedsspruchs, S. 381.

169 *Schlosser*, in: Stein/Jonas, ZPO, § 1053 Rn. 13.

170 *Münch*, in: Münchener Kommentar ZPO, § 1059 Rn. 7.

Bestätigt wird die Heranziehung der Aufhebungsklage des § 1059 ZPO auch durch das in § 1053 I 2, 1. Hs. mit II ZPO normierte Gleichstellungsgebot. Da der Schiedsspruch mit vereinbartem Wortlaut seiner Gestalt und Wirkung nach einem streitigen Schiedsspruch gleichsteht, hat er auch einer Aufhebungsmöglichkeit zu unterliegen.[171]

Es ist zu prüfen, ob die Anfechtbarkeit und damit materiell-rechtliche Unwirksamkeit des schiedsgerichtlichen Vergleiches einen Grund ergibt, den von dem Vergleich abgekoppelten Schiedsspruch nach Maßgabe der insoweit einschlägigen Bestimmungen in § 1059 ZPO aufzuheben.[172]

Die Heranziehung des Aufhebungsverfahrens nach § 1059 ZPO wird zunächst gänzlich mit der Begründung verneint, dass die Transformation eines Vergleiches in einen Schiedsspruch gerade bezwecke, dass ein Streit über die Wirksamkeit nicht mehr geführt werden solle.[173] Ob den Parteien, die den Erlass eines Schiedsspruches mit vereinbartem Wortlaut begehren, eine solche Intention unterstellt werden kann, erscheint aber zweifelhaft. Eher ist anzunehmen, dass ihr vordergründiges Interesse darauf gerichtet ist, die Vorstellung, eine wirksame Vereinbarung getroffen zu haben, formal zu manifestieren und Vollstreckungsmöglichkeiten herbeizuführen. Der Wille, diesen Entschluss auch für eine unwirksame Entscheidung getroffen zu haben, kann den Parteien nicht unterstellt werden.

Mit der überwiegenden Meinung ist deshalb davon auszugehen, dass der Schiedsspruch mit vereinbartem Wortlaut einer Aufhebungsklage im Sinne des § 1059 ZPO grundsätzlich zugänglich ist.[174]

b) Die Anwendung des Aufhebungskataloges des § 1059 II ZPO auf die Geltendmachung der Unwirksamkeit des schiedsgerichtlichen Vergleiches

Da die Aufhebung eines Schiedsspruches sich im Rahmen der ZPO nur mittels eines Aufhebungsverfahrens nach § 1059 ZPO realisieren lässt, ist weiter

171 *Münch*, in: Münchener Kommentar ZPO, § 1053 Rn. 38.

172 BGH, Beschluss vom 02.11.2000 – III ZB 55/99, NJW 2001, 373; so auch *Lachmann*, Handbuch für die Schiedsgerichtspraxis, Rn. 1825 ff.

173 *Gottwald*, in: Konsensuale Streitbeilegung, S. 31 (39).

174 *Geimer*, in: Zöller ZPO, § 1053 Rn. 21; *Seiler*, in: Thomas/Putzo, ZPO, § 1053 Rn. 6; *Schütze*, Schiedsgericht und Schiedsverfahren, S. 203 Rn. 764; *Kreindler/Schäfer/Wolff*, Schiedsgerichtsbarkeit – Kompendium für die Praxis, S. 289 Rn. 998.

erforderlich, dass hinsichtlich des in Frage stehenden Schiedsspruches einer der in Abs. 2 abschließend aufgezählten Aufhebungsgründe vorliegt.

Da der Katalog der Aufhebungsgründe eines Schiedsspruches mit vereinbartem Wortlaut in Ermangelung eines zugrunde liegenden Vergleichs nicht ausdrücklich vorsieht, ist zu erörtern, inwieweit sich diese Konstellation dennoch unter einen der vorhandenen Aufhebungsgründe subsumieren lässt.

So wird vertreten, dass § 1059 ZPO nur auf streitige Schiedssprüche zugeschnitten sei und nicht recht für den Fall des Schiedsspruches mit vereinbartem Wortlaut als Resultat eines von den Parteien abgeschlossenen Vergleiches passe.[175] Befürworter dieser Ansicht lösen diese Situation dahin, dass der Katalog der Aufhebungsgründe des § 1059 ZPO auf Schiedssprüche mit vereinbartem Wortlaut nur mit gewissen Modifikationen, welche dieser Besonderheit entsprächen, anzuwenden sei.[176]

Anderenorts wird vertreten, dass § 1059 II ZPO nahezu exakt auch auf Schiedssprüche nach § 1053 I 2 ZPO passe; materielle Mängel mit prozessualen Implikationen seien in § 1059 II 1 a) und c) und 2 ZPO angesprochen; die Inhaltskontrolle nach § 1053 I 2 HS 2 fände ihre ganz exakte Besprechung in § 1059 II 2 a) und b) ZPO, weitere prozessuale Vorgaben aus § 1053 I 1 HS 1 ZPO zählten noch zu § 1059 I 1 d) ZPO.[177]

Zu Recht werden jedenfalls einzelne Aufhebungsgründe für unpassend erachtet. Die Unwirksamkeit der Schiedsvereinbarung (§ 1059 II 1a) ZPO) sowie das Überschreiten der Grenzen der Schiedsvereinbarung (§ 1059 II 1c) ZPO) sind als unvereinbar mit der vorliegenden Konstellation zu bewerten. Insoweit ist auf *Schütze* zu verweisen, welcher die Anwendbarkeit dieser Bestimmungen damit ablehnt, dass in dem Abschluss eines Vergleiches und einem Antrag auf Erlass eines Schiedsspruches konkludent auch der Abschluss oder die Erweiterung einer Schiedsvereinbarung zu sehen sind.[178] Gleiches gilt für den Mangel rechtlichen Gehörs oder die Möglichkeit, Angriffs oder Vereidigungsmittel vorzubringen im Sinne von § 1059 II 1b) ZPO; es ist davon auszugehen, dass eine einen Vergleich abschließende Partei jedenfalls bereits Gelegenheit hatte, ihren Streitpunkt zu vertreten.

Gegenstand der Untersuchung soll an dieser Stelle sein, welche der vorstehenden Thesen hinsichtlich der Anwendbarkeit und der Geeignetheit der

---

175 *Sponheimer*, in: Festschrift Kaissis, S. 933 (940).

176 *Sponheimer*, aaO; *Schütze*, in: Festschrift Lorenz, S. 275 (281 f.).

177 *Münch*, in: Münchener Kommentar ZPO, § 1053 Rn. 40.

178 *Schütze*, in: Wieczorek/Schütze, ZPO, § 1053 Rn. 24.

Aufhebungsgründe sich bestätigen lässt. Dabei soll die Bewertung der als passend in Betracht kommenden Aufhebungsgründe im Vordergrund stehen und erwogen werden, welche Konsequenzen sich daraus für die Aufhebung von Schiedssprüchen mit vereinbartem Wortlaut ergeben.

aa) Aufhebung aufgrund eines Verfahrensfehlers nach § 1059 II 1 d) ZPO

Das Schiedsgericht erlässt einen Schiedsspruch mit vereinbartem Wortlaut gem. § 1053 I 2 ZPO auf Antrag der Parteien, um einen zwischen diesen geschlossenen Vergleich in einen Schiedsspruch zu kleiden.

Ein Verfahrensfehler setzt an dieser Stelle voraus, dass das Schiedsgericht seiner Prüfungsverpflichtung im Hinblick auf das Zustandekommen eines Vergleiches nicht hinreichend nachgekommen ist.[179]

Der Verstoß gegen die Prüfungspflicht kann einen Verstoß gegen § 1053 I 2 ZPO darstellen und die Anwendbarkeit des § 1059 II 1d) ZPO, welcher einen Aufhebungsgrund für den Fall normiert, dass *„das schiedsrichterliche Verfahren einer Bestimmung dieses Buches [...] nicht entsprochen hat"*, begründen.

Diesem Ansatz wird teilweise entgegengehalten, dass die Aufhebungsgründe nach § 1059 II 1 b) ZPO, der Verstoß gegen rechtliches Gehör, und § 1059 II 1 d) ZPO, der Versstoß gegen Verfahrensgrundsätze, in Bezug auf einen Schiedsspruch keine Anwendung finden könnten, da entsprechende Umstände durch einen Vergleichsschluss geheilt worden wären.[180] Dem ist jedoch zu widersprechen; wenn überhaupt, könnte eine solche Heilung nur bei einem wirksamen Vergleich angenommen werden.

Der *Bundesgerichtshof* hat die Anwendbarkeit des § 1059 II 1 d) ZPO auf Schiedssprüche mit vereinbartem Wortlaut grundsätzlich bejaht.[181] In dem von ihm zu beurteilenden Sachverhalt ging es um die Aufhebbarkeit eines solchen. Der Bundesgerichtshof führte aus, dass die Parteien sich zwar nicht auf § 1059 II 1 d) ZPO berufen hätten, die Aufhebbarkeit nach dieser Bestimmung aber dennoch in Betracht gekommen wäre. Hiernach ist davon auszugehen, dass der Bundesgerichtshof der Anwendung dieser Bestimmung für die Frage nach der Aufhebbarkeit von Schiedssprüchen mit vereinbartem Wortlaut grundsätzlich positiv gegenüber steht.

---

179 Siehe dazu IV 2. c) bb).

180 *Schütze*, in: Festschrift Lorenz, S. 275 (282).

181 BGH, Beschluss v. 2.11.2000 – III ZB 55/59 (Düsseldorf), NJW 2001, S. 373 (373); dazu Anmerkung von *Voit*, ZZP 114 (2001), S. 351 (355).

Der Aufhebungsgrund des § 1059 II 1 d) ZPO normiert die Aufhebbarkeit einer schiedsrichterlichen Entscheidung, soweit diese den zu beachtenden Verfahrensregeln widerspricht. Es wurde zwar erwogen, den Anwendungsbereich dieser Norm auf sog. wesentliche Verfahrensregeln zu reduzieren, um eine allzu breite Anwendbarkeit dieser Bestimmung zu vermeiden. Diese Erwägungen stammen aber aus der Zeit des alten Schiedsverfahrensrechts und werden nach dessen Neuregelung, soweit ersichtlich, nicht mehr vertreten.[182] Insbesondere der klare Wortlaut der Norm widerspricht solchen Erwägungen.[183]

Relevanter ist in diesem Zusammenhang die Differenzierung zwischen den Umständen, welche lediglich eine Unregelmäßigkeit in der Entscheidungsfindung begründen und solchen, die einen Verfahrensfehler darstellen; nur letztere können einen Aufhebungsgrund ergeben.[184]

Ein weiteres Korrektiv wird darin gesehen, dass der Schiedsspruch nur dann aufgehoben werden kann, wenn sich der Verfahrensverstoß auf den Schiedsspruch ausgewirkt hat.[185]

Zu untersuchen ist damit, ob der Erlass eines Schiedsspruches mit vereinbartem Wortlaut auf der Grundlage eines unwirksamen Vergleiches einen Verfahrensfehler wegen eines Verstoßes gegen § 1053 ZPO darstellen kann.

Grundsätzlich setzt der Erlass eines Schiedsspruches mit vereinbartem Wortlaut zwar den Erlass eines wirksamen Vergleiches voraus,[186] fraglich ist aber, ob die Unwirksamkeit eines Vergleiches in allen Fällen als Verfahrensfehler bewertet werden kann.

Kritisch wird angemerkt, dass die Beendigung durch das Schiedsgericht aufgrund eines vermeintlichen Vergleiches keinen Verfahrensfehler darstellen könne, weil es dem Schiedsgericht beim Erlass des Schiedsspruches gerade nicht obliege, die Wirksamkeit des Vergleiches zu prüfen.[187] Da eine entsprechende Prüfung nicht vorgesehen sei, könne die mangels Prüfung nicht entdeckte Unwirksamkeit eines Vergleiches, keine Fehlerhaftigkeit im Verfahrensverlauf begründen.

---

182 *Münch*, in: Münchener Kommentar, ZPO, 2013, § 1059 Rn. 30.

183 *Voit*, in: Musielak/Voit, ZPO, § 1059 Rn. 17.

184 *Voit*, in: Musielak/Voit, ZPO, § 1059 Rn. 18; *Schwab/Walter*, Schiedsgerichtsbarkeit, Kap. 24 Rn. 22.

185 *Geimer*, in: Zöller, ZPO, § 1059 Rn. 44; *Voit*, in: Musielak/Voit, ZPO, § 1059 Rn. 17.

186 *Voit*, in: Musielak/Voit, § 1053 Rn. 4.

187 *Lachmann*, Handbuch für die Schiedsgerichtspraxis, Kap. 20 Rn. 1825.

In Konsequenz dieser Ansicht erscheint die Anwendbarkeit des Aufhebungsgrundes aus § 1059 II 1 d) ZPO auf den Schiedsspruch mit vereinbarten Wortlaut fragwürdig, da sich dessen Erlass trotz eines mangelhaften Vergleiches nicht direkt als verfahrensfehlerhaft verstehen lässt. Dies wird auch durch andere Stimmen bestätigt, welche ausführen, dass materielle Mängel eines Vergleiches diesen nicht in seiner Wirksamkeit berühren, solange nicht zusätzlich ein Verstoß im prozessualen Verfahrenshergang vorliegt.[188]

Dem ist, parallel zur Diskussion der Voraussetzungen des Erlasses eines Schiedsspruches mit vereinbartem Wortlaut, jene Ansicht entgegenzuhalten, welche auch an entsprechender Stelle annimmt, dass es dem Schiedsgericht obliege, zumindest die Rahmenvoraussetzungen der Wirksamkeit des Vergleiches zu prüfen.[189]

Nach dem hier vertretenen Ergebnis muss sich das Schiedsgericht zumindest vergewissern, dass dem äußeren Anschein nach ein wirksamer Vergleich vorliegt. In diesem Fall könnte ein unerkannt unwirksamer Vergleich nur dann einen Verfahrensfehler darstellen, soweit das Schiedsgericht seine Prüfung nicht hinreichend ausgeführt hätte. Die Anwendung des § 1059 II 1 d) ZPO wäre dann aber von der Schwere und Erkennbarkeit des festgestellten Unwirksamkeitsumstandes bei eingeschränkter Prüfung abhängig.

Die Bejahung der Tatbestandsvoraussetzungen des Aufhebungsgrundes nach § 1059 II 1 d) ZPO lässt sich damit jedenfalls nicht uneingeschränkt für alle Fälle annehmen.

Die Auffassung, es komme auf die Wirksamkeit des Vergleiches überhaupt nicht an, ist dabei eher abzulehnen, weil sie jede Verknüpfung zwischen dem Grund für den Schiedsspruch und dessen Erlass vermissen lässt.

Eher ist die Auffassung heranzuziehen, dass eine Verletzung der Prüfungspflicht einen relevanten Verfahrensfehler ergeben kann.

Eine bloß eingeschränkte Prüfungspflicht anzunehmen,[190] bedeutet aber gleichzeitig, dass nicht zu hohe Anforderungen zu stellen sind. Es wird also viele Fälle geben, in denen der Vergleich unwirksam ist, ohne dass ein Verfahrensfehler angenommen werden könnte.

---

188 *Münch*, in: Münchener Kommentar zur ZPO, § 1053 Rn. 40.

189 Dazu schon IV 2 c) bb); sowie: *Voit*, in: Musielak/Voit, ZPO, § 1053 Rn. 8, 10; *von Schlabrendorff/ Sessler*, Arbitration in Germany, § 1053 Rn. 30.

190 *Kreindler/Schäfer/Wolff*, Schiedsgerichtsbarkeit – Kompendium für die Praxis, S. 288 Rn. 997; *Von Schlabrendorff/Sessler*, in: Böckstiegel/Nacimiento/Kröll: Arbitration in Germany, § 1053 Rn. 30.

Die Alternative wäre dem Schiedsgericht bereits vor Erlass des Schiedsspruches mit vereinbartem Wortlaut eine umfassende Prüfung des Vergleiches und seiner Wirksamkeit aufzuerlegen. Dies könnte aber wiederum den Grundsätzen eines von der Parteiautonomie geprägten Verfahrens widersprechen.

Die Gesetzeslage ergibt damit jedenfalls für den Umgang mit nicht offen erkennbar unwirksamen Vergleichen keine Handhabe.

Jedenfalls verbleiben deshalb Zweifel an der uneingeschränkten Bejahung der Anwendung des § 1059 II 1 d) ZPO. Mit dieser Bestimmung lassen sich keinesfalls alle relevanten Fallgestaltungen erfassen.

bb) Aufhebung aufgrund mangelnder Schiedsfähigkeit und Verstoßes gegen den ordre public nach § 1059 II 2 ZPO

Des Weiteren sollte der Schiedsspruch mit vereinbartem Wortlaut nach dem Gesetzesentwurf auch dem Aufhebungsgrund nach § 1059 II 2 ZPO unterliegen.[191] Dieser normiert die Aufhebbarkeit von Schiedssprüchen, soweit deren Streitgegenstand die objektive Schiedsfähigkeit fehlt, § 1059 II 2 a) ZPO, oder soweit sie gegen den ordre public verstoßen, § 1059 II 2 b) ZPO. An dieser Stelle geht es also um materielle Mängel eines Vergleiches als Auslöser für eine auf seiner Grundlage erfolgte Entscheidung.

In diesem Zusammenhang ist jedoch auf die erhebliche Bedeutung des prozessualen Einschlags auf das Aufhebungsverlangen hinzuweisen. Eine allein sachliche Prüfung auf die Richtigkeit der getroffenen Entscheidung – die so genannte „révision au fond" – ist gerade nicht gestattet.[192]

(1) Fehlen der objektiven Schiedsfähigkeit

Zunächst ist festzustellen, dass ein Verstoß gegen das Erfordernis der objektiven Schiedsfähigkeit im Sinne des § 1030 ZPO bereits einen Verstoß gegen den ordre public darstellen könnte. Weil § 1059 II 2 ZPO in den Regelungen unter a) und b) aber zwischen dem Fehlen der Schiedsfähigkeit und einem Verstoß gegen den ordre public differenziert, kann im Anwendungsbereich des § 1059 II 2 ZPO von einer solchen Wertung nicht ausgegangen werden.[193] Vielmehr ist eine differenzierte Betrachtung der Alternativen angezeigt.

---

191 *Gottwald*, in: Konsensuale Streitbeilegung, S. 31 (39).

192 *Schütze*, in: Wieczorek/Schütze, ZPO, § 1059 Rn. 3.

193 *Gottwald*, in: Konsensuale Streitbeilegung, S. 31 (39).

Ein Aufhebungsgrund im Sinne des § 1059 II 2a) ZPO liegt damit vor, wenn und soweit das Schiedsgericht über einen Anspruch entschieden hat, dessen Gegenstand nicht schiedsfähig war.[194] Ausschlaggebend ist insoweit stets das deutsche Recht, unabhängig davon, was durch die Parteien bestimmt wurde. Weil die Beurteilung der Schiedsfähigkeit öffentliche Belange berührt, haben die Partien insoweit keine Dispositionsfreiheit.[195] Die praktische Relevanz dieses Aufhebungsgrundes ist relativ gering, da nahezu jeder vermögensrechtliche Anspruch nach § 1030 I 1 ZPO schiedsfähig ist.[196] Die Problematik ergibt sich daher nur im Rahmen von § 1030 I 2 ZPO. Solche Sachverhalte sind in aller Regel nicht Gegenstand von Schiedsverfahren, sodass es sehr unwahrscheinlich ist, dass es zu aufhebungswürdigen Schiedssprüchen über nicht schiedsfähige Gegenstände kommt. Darüber hinaus wird die Schiedsfähigkeit des Streitgegenstandes regelmäßig bereits zu Beginn des Verfahrens geprüft,[197] sodass auch insoweit das auf diesen Umstand gestützte Aufhebungsbedürfnis eher selten auftreten wird.

Dieser Aufhebungsgrund erscheint daher zwar grundsätzlich uneingeschränkt Anwendung auf Schiedssprüche mit vereinbartem Wortlaut zu finden, da er aber wohl in den seltensten Fällen vorkommen sollte, wird er regelmäßig keine realistische Aufhebungsmöglichkeit bieten.

Alles in allem ist die Einschätzung erlaubt, dass das Fehlen der objektiven Schiedsfähigkeit als Aufhebungsgrund keinerlei Praxisrelevanz hat.

(2) Unvereinbarkeit mit dem ordre public

Eine Unvereinbarkeit mit dem ordre public könnte vorliegen, soweit gegen zu diesem gehörende Normen verstoßen wird. Der Erlass eines Schiedsspruches, welcher auf einem unwirksamen Vergleich beruht, könnte einen Verstoß sowohl gegen eine die Unwirksamkeit begründende materielle Norm, als auch gegen § 1053 ZPO begründen. Unter Umständen könnte eine entsprechende Unvereinbarkeit mit diesen Normen einen ordre public Verstoß darstellen.

Nicht jeder Verstoß gegen Normen kann jedoch auch gleich eine ordre public-Widrigkeit darstellen. Grundsätzlich müssen Fehlentscheidungen des

---

194 Vergleiche insoweit auch die Ausführungen unter III. 4. b).

195 *Kreindler/Schäfer/Wolf*, Schiedsgerichtsbarkeit – Kompendium für die Praxis, S. 319 Rn. 1102.

196 *Raeschke-Kessler*, in: Prütting/Gehrlein, ZPO, § 1059, Rn. 56.

197 *von Schlabrendorff/ Sessler*, Böckstiegel/Nacimiento/Kröll: Arbitration in Germany, § 1053 Rn. 30.

Schiedsgerichtes ebenso hingenommen werden wie Fehlentscheidungen staatlicher Gerichte.[198]

Geimer sieht den logisch richtigen Ausgangspunkt zum Verständnis des ordre public-Vorbehaltes nach § 1059 II 2 b) ZPO in dem Verbot der „révision au fond"; dem Staat gehe es ebenso wie bei der Prüfung der Voraussetzungen für die Anerkennung ausländischer Urteile nach § 328 ZPO im Aufhebungs- oder Vollstreckbarkeitserklärungsverfahren nicht um die sachliche Nachprüfung des Schiedsspruches auf die Richtigkeit der Streitentscheidung, die sachliche Unrichtigkeit sei ebenso wie bei einem ausländischen Urteil kein Aufhebungsgrund. Es komme lediglich darauf an, einen Missbrauch der den privaten Schiedsrichtern zugestandenen Rechtsprechungsbefugnis zu verhindern. Dispositives Recht gehöre unter dieser Maßgabe nicht zum ordre public; auch das zwingende Recht sei nicht in Gänze hierunter zu fassen.[199]

Münch verweist in der Kommentierung zu § 1059 ZPO auf die Parallelregelung in § 1053 I 2 HS 2 ZPO.[200] Die Prüfung der Aufhebbarkeit durch das staatliche Gericht anhand des Prüfungskataloges des § 1059 ZPO bezöge sich damit gleichsam auf die Entscheidung des Schiedsgerichtes zu der Frage, ob der dem Schiedsspruch mit vereinbartem Wortlaut zu Grunde liegende Vergleich mit dem ordre public im Sinne des § 1053 ZPO vereinbar ist.

Neben diesen Ansatzpunkten böten auch die unterschiedlichen Kategorisierungen, welche zum Begriff des Schiedsspruches mit vereinbartem Wortlaut vorgenommen werden, eine Orientierungsmöglichkeit zur Bestimmung des Begriffs, ihre vertiefte Darstellung würde jedoch den Umfang dieser Arbeit sprengen. Auch im Rahmen des § 1059 ZPO wird die Unterscheidung zwischen nationalem und internationalem ordre public thematisiert und dann weiter zwischen materiell-rechtlichem und verfahrensrechtlichem ordre public differenziert. Der verfahrensrechtliche ordre public lasse sich erneut in einen allgemeinen und einen besonderen ordre public aufteilen[201] Eines Umreißens der unterschiedlichen Teilbegriffe und ihrer Abgrenzung sollte es aber nicht bedürfen, da diese teils etwas künstlich und lebensfremd erscheint und Verstöße gegen jegliche Kategorien als Aufhebungsgründe in Betracht kommen. Anderenorts wird daher, zu Recht, vertreten, dass der ordre public unteilbar sei und die Aufgliederung problematisch, da das deutsche Recht einen Rechtssatz oder

198 *Geimer*, in: Zöller, ZPO, § 1059 Rn. 74 f.

199 *Geimer*, in: Zöller, ZPO, § 1059 Rn. 74.

200 *Münch*, in: Münchener Kommentar ZPO, § 1059 Rn. 38.

201 *Münch*, in: Münchener Kommentar ZPO, § 1059 Rn. 42 ff.

seine Anwendung unabhängig von Kategorisierungen als mit den wesentlichen Grundsätzen deutschen Rechts vereinbar oder eben unvereinbar erklären können müsse.[202]

Vielmehr muss in der Gesamtschau eine übergreifende Annäherung an den nicht in letzter Konsequenz greifbaren Begriff erfolgen. Letztendlich geht es auch im Rahmen des § 1059 ZPO darum, ob Verstöße gegen die bundesdeutsche Binnenordnung inbegriffen EU-Regelungen vorliegen und dadurch die Grundlage des staatlichen oder wirtschaftlichen Lebens berührt oder elementare Gerechtigkeitsvorstellungen verletzt sind; die ordre public-Prüfung bildet die *„Notbremse staatlicher Kontrolle"* und somit ein Einfallstor für umfassend vorliegende Kasuistik.[203]

Münch schlägt eine Orientierung an Artikel 34 Nr. 1 EuGVVO vor, rät zu dringender Zurückhaltung und weist auch noch darauf hin, dass für die Beurteilung der Zeitpunkt der letzten mündlichen Verhandlung im Aufhebungsverfahren maßgeblich sei, sodass seit dem Schiedsspruch eingetretene Veränderungen der Rechtsregeln und Anschauungen noch berücksichtigt werden könnten.[204]

Es soll zwar davon auszugehen sein, dass der Vorwurf eines ordre public-Verstoßes zumeist unberechtigt ist und lediglich dazu genutzt wird, das Verbot der Inhaltskontrolle durch den staatlichen Richter zu umgehen.[205] Dennoch nimmt auch der *Bundesgerichtshof* eine Aufhebbarkeit des Schiedsspruches mit vereinbartem Wortlaut nach § 1059 II 2 b) ZPO an, soweit durch diesen ein Zustand hervorgerufen wird, welcher dem ordre public widerspricht.[206] In einer weiteren Entscheidung führt er aus, dass die Aufhebung eines Schiedsspruches auf der Grundlage einer ordre public-Verletzung voraussetze, *„dass die Entscheidung zu einem Ergebnis führt, das mit den wesentlichen Grundsätzen des deutschen Rechts offensichtlich unvereinbar ist, der Schiedsspruch in diesem Sinne die elementaren Grundlagen der Rechtsordnung verletzt, wobei nicht jeder Widerspruch der Entscheidung selbst zu zwingenden Vorschriften des deutschen Rechts einen Verstoß gegen des ordre public darstellt."*[207]

---

202 Schütze, in: Wieczorek/Schütze, § 1059 Rn. 58; vergleiche auch schon oben unter IV 2. c) aa).

203 *Münch*, in: Münchener Kommentar ZPO, § 1059 Rn. 41.

204 *Münch*, in: Münchener Kommentar ZPO, § 1059 Rn. 41, zur Kasuistik Rn. 45 ff.

205 *Raeschke-Kessler*, in: Prütting/Gehrlin, ZPO, § 1059 Rn. 56.

206 BGH, Beschluss vom 02.11.2000 – III ZB 55/99, NJW 2001, 373.

207 BGH, Beschluss vom 28.01.2014 – III ZB 40/13, NJW 2014, 1597.

Um eine Orientierung zu erleichtern, werden teilweise Fallgruppen angenommener Verstöße dargestellt. *Schütze* nennt als Verstöße gegen den ordre public die Verurteilung zur Zahlung von Spiel- oder Wettschulden, die Verurteilung zu Leistungen oder zu einem gegen kartellrechtliche Bestimmungen verstoßenden Verhalten, den Prozessbetrug oder die Nichtbeachtung der Handelsvertreterrichtlinie.[208] In einer weniger konkreten Differenzierung unterscheidet er zwischen Verstößen gegen den Mindeststandard verfahrensrechtlicher Grundsätze und der Entstehung von seitens der Rechtsordnung missbilligten Rechtsverhältnissen.[209]

Vor dem Hintergrund dieser verschiedenen Erwägungen und insbesondere der wenig praktikablen Einordnung des Bundesgerichtshofes ist in jedem Einzelfall zu hinterfragen, an welchem Punkt die Unwirksamkeit eines abgeschlossenen und in einen Schiedsspruch transformierten Vergleiches den ordre public betrifft und einen Aufhebungsantrag begründet. Angesichts der Allgemeinheit der hierzu vorgetragenen rechtlichen Erwägungen sind Prognosen über den Ausgang solcher Aufhebungsverfahren nicht möglich.

Bei der Erwägung von Unwirksamkeitsgründen des Vergleiches, wie beispielsweise Willensmängel des Vergleiches, ist vor der Schwelle von prozessualen Mindeststandards und der missbilligten Rechtsverhältnisse wohl nicht jeder Mangel ordre public-widrig. Eigentlich fallen in diese Kategorie nur Fälle des strafrechtlich bewährten Erreichens von Vergleichen, etwa durch Betrug oder Erpressung.[210]

Auch der Versuch die Unwirksamkeit von Vergleichen, die als Grundlage eines Schiedsspruches mit vereinbartem Wortlaut dienten, über einen Aufhebungstatbestand zu sanktionieren, kann daher nur in bestimmten, wahrscheinlich nur wenigen Fällen gelingen.

---

208 *Schütze,* Schiedsgericht und Schiedsverfahren, S. 206 Rn. 785 unter Hinweis auf OLG Hamburg, NJW 1955, 390 (Spiel- und Wettschulden), BGHZ 46, 365; BGHZ 30, 96 (Kartellrechtliche Bestimmungen) und *Eckstein-Puhl,* Prozessbetrug im Schiedsverfahren, 2005 (Prozessbetrug), OLG München (SchiedsVZ 2007, S. 146).

209 *Schütze,* in: Wieczorek/Schütze, ZPO, § 1059 Rn. 59, 65.

210 *Gottwald,* Konsensuale Streitbeilegung, S. 31 (39), unter Bezug auf: *Schlosser,* Das neue deutsche Recht der Schiedsgerichtsbarkeit, in: Gottwald, Revivion des EuGVÜ – neues Schiedsverfahrensrecht, 2000, S. 163 (177).

cc) Grundsätzliche Bedenken gegen die Anwendung des Aufhebungskataloges des § 1059 ZPO

Im Rahmen der Untersuchung wird festgestellt, dass der These, nach welcher die Heranziehung der Aufhebungsgründe des § 1059 ZPO für den Fall der Unwirksamkeit eines Vergleiches "herbeiargumentiert" erscheint, zuzustimmen ist. Dies gilt jedenfalls wenn und soweit es darum geht alle Fälle zu umfassen. Auch wenn die Anwendbarkeit der vorstehend dargestellten Aufhebungsnormen für den Schiedsspruch mit vereinbartem Wortlaut zumindest in Teilen begründbar ist und vor dem Hintergrund der Gleichstellung aller Schiedssprüche nur konsequent erscheinen könnte, bleibt, dass die vorhandenen Aufhebungstatbestände jedenfalls nicht für alle Fälle passen.

Um die "garantierte Aufhebbarkeit" eines Schiedsspruches, auch im Falle eines solchen mit vereinbartem Wortlaut, zu gewährleisten, erscheint es, als wolle man die Anwendbarkeit dieser Normen erzwingen, weil man kein besseres Instrumentarium hat.

Um dem Bedürfnis nach einer Aufhebungsmöglichkeit eines Schiedsspruches zu entsprechen und gleichzeitig den Anwendungsbereich des Aufhebungstatbestandes des § 1059 ZPO nicht künstlich auszudehnen, könnte man auch für den Schiedsspruch mit vereinbartem Wort die Schaffung eines Sondertatbestandes erwägen.

Im Rahmen der Erwägungen über die Aufhebung von Beendigungsbeschlüssen werden dazu ausführliche Darlegungen folgen. Dort ist das Bedürfnis nach der Gewährleistung rechtlicher Klarheit wesentlich dringender. Während die Aufhebung an dieser Stelle, auch wenn sie auf unsichererer Grundlage beruht, zumindest darstellbar ist, gilt dort, dass noch weniger rechtliche Grundlagen zur Aufhebung vorhanden sind.

Kommt man dazu für den Beendigungsbeschluss einen Sondertatbestand zu schaffen, ist es überlegenswert, diesen auch auf den Schiedsspruch mit vereinbartem Wortlaut anzuwenden, um eine ganzheitliche Lösung zu schaffen.

c) Die Beurteilung der Wirksamkeit des schiedsgerichtlichen Vergleiches durch die staatlichen Gerichte

Im Rahmen des alten Rechts war ebenfalls umstritten, inwieweit ein Streit über die Wirksamkeit eines schiedsgerichtlichen Vergleiches vor den staatlichen Gerichten oder vor dem Schiedsgericht zu führen sei; dies ist jedoch mit der Normierung des neuen Rechts obsolet geworden.[211] Für die Beurteilung der

---

211 *Schütze*, in: Festschrift Lorenz, S. 275 (282).

Wirksamkeit des Vergleiches der Parteien ist die staatliche Gerichtsbarkeit zuständig. Aufgrund der materiellen Rechtskraftwirkung des Schiedsspruches mit vereinbartem Wortlaut kann das Ursprungsverfahren vor dem Schiedsgericht zunächst nicht fortgeführt werden.[212]

Dementsprechend sind für die Beurteilung der Wirksamkeit des schiedsgerichtlichen Vergleiches die staatlichen Gerichte und nicht das Schiedsgericht selbst verantwortlich. Im Rahmen des Aufhebungsverfahrens haben die staatlichen Gerichte das Vorliegen eines Verfahrensfehlers im Sinne des § 1059 II 1 d) ZPO oder § 1059 II 2 a) und b) ZPO zu prüfen und über die Frage der Wirksamkeit des Vergleiches zu entscheiden.

5. Rechtsfolgen einer Aufhebung

a) Aufrechterhaltung der Zuständigkeit des Schiedsgerichtes

Die Rechtsfolgen einer Aufhebung ergeben sich aus § 1059 IV und V ZPO.

Nach § 1059 V ZPO hat die Aufhebung *„im Zweifel zur Folge, dass wegen des Streitgegenstandes die Schiedsvereinbarung wieder auflebt“*. Damit ist grundsätzlich davon auszugehen, dass die Streitigkeit erneut vor einem Schiedsgericht entschieden wird.

Der Gesetzgeber geht in § 1059 V ZPO davon aus, dass die Parteien im Zweifel die Fortsetzung des Rechtsstreites im Schiedsverfahren gewollt haben.[213] Eine solche Klausel findet sich zwar nicht im Modelgesetz und es entsprach vor Erlass dieser Regelung der herrschenden Meinung, dass mit der Aufhebung einer Schiedsentscheidung die staatlichen Gerichte ihre Entscheidungskompetenz zurück erhielten. Bei Schaffung dieser Bestimmung ging man jedoch davon aus, dass es dem Willen der zuvor eine Schiedsklausel abschließenden Parteien entspräche, bei diesem Verfahrenstyp zu bleiben und damit darüber hinaus eine Entlastung der staatlichen Gerichte erreicht werden könne.[214] Bestätigt wird dies regelmäßig durch die zwischen den Parteien bestehende Schiedsklausel; soweit, wie häufig, eine Musterklausel verwendet wird, welche „alle“ Streitigkeiten aus oder im Zusammenhang mit einem Vertrag der Schiedsgerichtsbarkeit zuweist, werden selbst die *„Zweifel“* abbedungen.[215]

---

212 *Saenger*, Die Vollstreckung aus Schiedsvergleich und Schiedsspruch mit vereinbartem Wortlaut, MDR 1999, S. 662 (663).

213 *Geimer*, in: Zöller, ZPO, § 1059 Rn. 87.

214 BT Drucks. 13/5274, S. 60.

215 *Raeschke-Kessler*, in: Prütting/Gehrlein, ZPO, § 1059 Rn. 85.

Aufgrund der Maßgeblichkeit des Parteiwillens kann insoweit jedoch auch eine abweichende Regelung getroffen werden, insbesondere, soweit diese nach einem aufhebbar ergangenen Schiedsspruch ihr Vertrauen in die Schiedsgerichtsbarkeit verloren haben und sich deshalb nun der staatlichen Gerichtsbarkeit stellen wollen.[216]

Vorliegend soll sich jedoch vertieft mit dem Regelfall, der Aufrechterhaltung der Entscheidungskompetenz des Schiedsgerichts, auseinandergesetzt werden. Üblicher Weise soll dabei ein erneutes Schiedsverfahren vor einem neu zu bildenden Schiedsgericht angestrebt werden.[217]

Ob eine Neubildung erforderlich ist, ist umstritten. Einerseits wird vertreten, dass eine solche nicht zwingend sei, da das Amt der Schiedsrichter trotz § 1056 III ZPO fortbestehe.[218]

Andererseits wird eine bloße Zurückverweisung von Amts wegen an das ursprüngliche Schiedsgericht verneint.[219] Dies entspricht zum einen der gesetzgeberischen Intention.[220] Nach § 1056 III ZPO endet das Amt des Schiedsgerichtes mit der Beendigung des schiedsrichterlichen Verfahrens. Zum anderen spricht auch die Systematik der Norm dafür, dass der Fortbestand des Schiedsgerichtes nicht den Regelfall darstellen kann.

Nach § 1059 IV ZPO „*kann das* [ordentliche] *Gericht in geeigneten Fällen auf Antrag einer Partei [...] die Sache an das* [ursprüngliche] *Schiedsgericht zurückverweisen*". Wie aus dem Wortlaut dieser Norm ersichtlich, ist eine Zurückverweisung danach möglich, soweit sie zweckdienlich ist und zumindest von einer Partei beantragt wird.

Außerhalb der Zurückverweisung steht es den Parteien frei, ein neues Schiedsgericht zu bilden oder aber die Rekonstituierung des ursprünglichen Schiedsgerichtes zu beantragen und ein erneutes Verfahren über den Streitgegenstand durchzuführen. Den Regelfall bildet dabei die Konstituierung eines neuen Schiedsgerichtes.

---

216 *Schütze*, Schiedsgericht und Schiedsverfahren, S. 192.

217 *Wolff*, Zurückweisung der Sache an das Schiedsgericht nach Aufhebung des Schiedsspruchs – zu den „geeigneten Fällen" nach § 1059 Abs. 4 ZPO, SchiedsVZ 2007, S. 254.

218 *Geimer*, in: Zöller, ZPO, § 1059 Rn. 88.

219 *Münch*, in: Münchener Kommentar ZPO, § 1059 Rn. 78.

220 BT Drucks. 13/5274, S. 60.

b) Verfahrensfragen bei einer Zurückverweisung

Anders als die *„im Zweifel"* anzunehmende fortwährende Entscheidungsbefugnis eines (neuen) Schiedsgerichtes, handelt es sich bei der Zurückverweisung an das ursprüngliche Schiedsgericht um eine im Einzelfall zu erwägende Maßnahme.

aa) Umstände und Voraussetzungen einer Zurückverweisung

Bei der Aufhebung eines Schiedsspruches unter Zurückverweisung handelt es sich um eine Sonderregelung, nach welcher der Streit ausnahmsweise zur schnellen Korrektur an das ursprüngliche Schiedsgericht zurückverwiesen wird.[221]

Dafür muss die Streitigkeit zunächst grundsätzlich zur Korrektur geeignet sein. Außerdem bedarf es der konkreten Eignung der Streitigkeit im zu entscheidenden Einzelfall.

(1) Grundsätzliche Geeignetheit

Eine grundsätzliche Geeignetheit liegt vor, soweit der zur Aufhebung führende Fehler überhaupt durch eine Zurückverweisung behoben werden kann.

Ungeeignet für eine Zurückverweisung sind solche Fälle, in denen das Schiedsgericht nicht oder nicht mehr zur Entscheidung befugt ist.[222] Alle weiteren Aufhebungsgründe, insbesondere auch die vorliegend für den Schiedsspruch mit vereinbartem Wortlaut in Betracht kommenden, sind grundsätzlich einer Zurückverweisung zugänglich.[223]

Wighardt nennt als Fälle, die für eine Zurückverweisung per se nicht geeignet sind, die subjektive Schiedsunfähigkeit (§ 1059 II 1a) 1. Var. ZPO), die objektive Schiedsunfähigkeit ((§ 1059 II Nr. 2a) ZPO), das Fehlen einer Schiedsbindung bei genereller Ungültigkeit der Schiedsvereinbarung (§ 1059 II Nr. 1a) 2. Var. ZPO) oder das Fehlen eines speziellen Falles des so genannten Kompetenzübergriffes (§ 1059 II Nr. 1c) 1. HS ZPO). Nach seiner Meinung grundsätzlich geeignete Fälle sind für die Zurückverweisung die beiden Gehörsmängel (§ 105 II Nr. 1b) 1. Var. und 2. Var. ZPO), die beiden Prozessmängel (§ 1059 II Nr. 1d) 1. Var. und 2. Var. ZPO), der Fall der teilweisen und trennbaren Kompetenzüberschreitung

221 *Wighardt,* Verfahrensfragen bei der Zurückverweisung der Sache an das Schiedsgericht, SchiedsVZ 2010, S. 252 (254).

222 *Wolff,* Zurückweisung der Sache an das Schiedsgericht nach Aufhebung des Schiedsspruchs – zu den „geeigneten Fällen" nach § 1059 Abs. 4 ZPO, SchiedsVZ 2007, S. 254.

223 *Wighardt,* Verfahrensfragen bei der Zurückverweisung der Sache an das Schiedsgericht, SchiedsVZ 2010, S. 252 (254 f.).

(§ 1059 II Nr. 1c) ZPO) und der Verstoß gegen den ordre public (§ 1059 II Nr. 2b) ZPO).

Mit der Zurückverweisung soll es dem bisherigen Schiedsgericht möglich sein, einen Fehler durch den Erlass eines neuen Schiedsspruches zeitnah zu korrigieren.[224] Die Frage der Geeignetheit eines Verfahrens ist durch prozessökonomische Erwägungen zu erörtern, indem zu prüfen ist, ob das Verfahren durch eine Zurückverweisung schneller und effektiver erledigt werden kann.[225]

Im Rahmen der Aufhebung eines Schiedsspruches mit vereinbartem Wortlaut erscheint das Instrument der Zurückverweisung besonders interessengerecht. Das ursprüngliche Verfahren wurde bei einem solchen aufgrund einer einvernehmlichen Lösung der Parteien beendet. Wäre eine solche Einigung jedoch nicht gelungen, wäre das Schiedsverfahren vermutlich bis zu einer Streitentscheidung durch das Schiedsgericht fortgeführt worden.

Aufgrund dessen erscheint es als prozessökonomisch und zweckmäßig, die Weiterführung des Verfahrens unter dessen Fortsetzung durch eine Zurückverweisung zu ermöglichen. Da sich der Fehler der Beendigung in der Einigung der Parteien begründet, sollten gegenüber dem Verfahren als solchen in der Regel keine Bedenken bestehen.

Grundsätzlich sind Fälle der Aufhebung eines Schiedsspruches mit vereinbartem Wortlaut somit als für eine Zurückverweisung geeignet im Sinne des § 1059 IV ZPO zu verstehen.

(2) Konkrete Geeignetheit im Einzelfall

Zur Beurteilung der darüber hinaus erforderlichen konkreten Geeignetheit ist zunächst zu prüfen, ob die Zurückverweisung im Einzelfall dem prozessökonomischen Zweck der Norm dient.[226]

Dies kann insbesondere auf solche Fälle zutreffen, in welchen das Schiedsgericht bereits intensiv mit dem Streitgegenstand vertraut war und mithin eine schnelle Neuentscheidung in Aussicht steht. Es kann jedoch auch ausreichen,

---

224 *Wighardt,* Verfahrensfragen bei der Zurückverweisung der Sache an das Schiedsgericht, SchiedsVZ 2010, S. 252 (255).

225 *Voit,* in: Musielak/Voit, ZPO, § 1059 Rn. 41; *Kröll/Kraft,* in: Böckstiegel/Kröll/Nacimiento, Arbitration in Germany, § 1059 Rn. 98; so auch: OLG Düsseldorf mit Beschluss vom 14. August 2007, in: SchiedsVZ 2008, S. 156 (158).

226 *Wighardt,* Verfahrensfragen bei der Zurückverweisung der Sache an das Schiedsgericht, SchiedsVZ 2010, S. 252 (255).

dass bereits ein Schiedsgericht konstituiert wurde, da auch dieser Vorgang eine gewisse Zeitspanne in Anspruch nimmt.

Abzustellen ist im Rahmen dieser rein äußerlichen Bedingungen jedoch vor allem auf die konkret vorliegenden Umstände. Soweit es lediglich um die Neubeurteilung eines Teils des Verfahrens geht, ist eine Zurückverweisung besonders geboten. Auch wenn das ganze Verfahren zu wiederholen ist, kann eine Vorbefassung des Schiedsgerichts, soweit intensiv durchgeführt, jedoch dafür sprechen.

Sollte sich andererseits jedoch abzeichnen, dass ein Mitglied des Schiedsgerichtes möglicherweise befangen sein könnte, wäre ein daraus resultierender Streit unter Umständen erst recht zeitintensiv. Auch eine bereits erfahrene schwere Terminierbarkeit in dem Ursprungsverfahren, beispielsweise aufgrund hoher Arbeitsbelastung der Schiedsrichter, könnte für die Einsetzung eines flexibleren, neuen Tribunals sprechen.

Allerdings stellt die Prozessökonomie nicht das einzige Kriterium für die Beurteilung der Geeignetheit dar. Zu erwägen ist auch, ob eine erneute Entscheidung des gleichen Schiedsgerichtes eine ausreichende Neutralität wahrt. Das Schiedsgericht hat regelmäßig, vor allen in Fällen des Verfahrensfehlers, den Aufhebungsgrund des Schiedsspruches zu verantworten; des Weiteren droht sein Festhalten an der Entscheidung in der Sache. Vor allem aus der Sicht der unterlegenen Partei sind daher auch diese Erwägungen in die vorzunehmende Abwägung einzubeziehen.[227]

Aufgrund der Einzelfallabhängigkeit der konkreten Geeignetheit einer Zurückverweisung sind auch pauschale Aussagen über diese in Bezug auf Schiedssprüche mit vereinbartem Wortlaut nicht zu treffen. Da die Aufhebung in solchen Fällen sich aber weniger in dem Verfahren selbst, als in der Einigung der Parteien begründet, ist auch in Bezug auf die konkrete Geeignetheit eher von deren Vorliegen auszugehen. Der vorgenannte Punkt der Beeinträchtigung der „unterlegenen Partei" dürfte im Rahmen eines Schiedsspruches mit vereinbartem Wortlaut sehr selten ein erhebliches Abwägungskriterium darstellen, weil im Falle eines Vergleiches der Parteien keine der beiden als „Unterlegene" anzusehen sein dürfte.

227 *Wolff*, Zurückweisung der Sache an das Schiedsgericht nach Aufhebung des Schiedsspruchs – zu den „geeigneten Fällen" nach § 1059 Abs. 4 ZPO, SchiedsVZ, S. 254 (256).

(3) Keine Notwendigkeit der beiderseitigen Zustimmung

Fraglich ist, inwieweit neben den Umständen des Sachverhaltes auch der Parteiwille eine Rolle in der Entscheidung über die Zurückverweisung spielt.

Eine beidseitige Zustimmung der Parteien ist zur Zurückverweisung nicht erforderlich.[228] Dies ergibt sich bereits aus dem Wortlaut des § 1059 IV ZPO, welcher ausdrücklich auf den „*Antrag einer Partei*" abstellt. Der Widerspruch einer Partei oder auch Zumutbarkeitsaspekte stellen danach keine Kriterien für die Durchführung einer Zurückverweisung dar.[229] Dementsprechend ist es auch ohne allseitige Zustimmung der Schiedsrichter und der Parteien möglich, über die Zurückverweisung die Zuständigkeit des ursprünglichen Schiedsgerichtes beizubehalten oder erneut zu begründen.

Dies wird zum Teil kritisch gesehen. So ist *Schütze* der Meinung, dass im Falle eines Widerspruches einer Partei das Vorliegen eines geeigneten Falles abgelehnt werden muss. Es sei einer Partei nicht zuzumuten, einem Schiedsgericht erneut zu vertrauen, welches zuvor eine fehlerhafte Entscheidung erlassen habe. Es könnte auch erwogen werden, ob der Wortlaut nicht allein entscheidend ist, sondern ein formales Indiz darstellt, welches auch anders auszulegen sein kann.[230] Auch insoweit gilt jedoch, dass sich diese Überlegungen vor allem vor dem Hintergrund der Interessenlage einer „unterlegenen" Partei ergeben.

Unabhängig davon, wie man die jeweiligen Auffassungen bewertet, ist zu berücksichtigen, dass jedenfalls im Rahmen der Aufhebung eines Schiedsspruches mit vereinbartem Wortlaut wohl keine Probleme mit der Zurückverweisung an das ursprüngliche Schiedsgericht bestehen werden. Das ursprüngliche Schiedsgericht hat in solchen Fällen gerade eine Entscheidung erlassen, die von beiden Parteien genau so gewollt war. Dementsprechend kann jedenfalls in aller Regel ein Vertrauensverlust gegenüber diesem Schiedsgericht nicht begründet werden.[231]

Insbesondere im Fall der Aufhebung eines Schiedsspruches mit vereinbartem Wortlaut reicht daher der Antrag einer Partei zu einer Zurückverweisung an das

228 *Geimer*, in: Zöller, ZPO, § 1059 Rn. 88.

229 *Wighardt,* Verfahrensfragen bei der Zurückverweisung der Sache an das Schiedsgericht, SchiedsVZ 2010, S. 252 (256).

230 *Wolff,* Zurückweisung der Sache an das Schiedsgericht nach Aufhebung des Schiedsspruchs – zu den „geeigneten Fällen" nach § 1059 Abs. 4 ZPO, SchiedsVZ 2007, S. 254 (256).

231 *Schwab/Walter,* Schiedsgerichtsbarkeit, Kap. 25 Rn. 19.

bisherige Schiedsgericht aus. Der Wortlaut der Norm bedarf jedenfalls in diesen Fällen keiner einschränkenden Interpretation.

bb) Vorzugswürdigkeit der Zurückverweisung beim Schiedsspruch mit vereinbartem Wortlaut

Bei der Aufhebung eines Schiedsspruches mit vereinbartem Wortlaut erscheint es sogar als besonders empfehlenswert, eine Zurückverweisung durchzuführen. Gerade weil das Verfahren lediglich aufgrund des Vergleiches der Parteien beendet wurde, sollte es unter Nutzung der bereits aufgewandten Ressourcen aus prozessökonomischen Gründen vor dem bereits konstituierten Schiedsgericht fortgesetzt werden.

In diesem Zusammenhang kann auch eine Parallele zur Aufhebung von Prozessvergleichen im Zivilprozess gezogen werden. In diesem Rahmen wird die Unwirksamkeit des Vergleiches grundsätzlich durch Fortführung des Ausgangsverfahrens geltend gemacht, soweit diese von Anfang an bestand oder später als ex tunc wirkend eingetreten ist.[232] Dies ergibt sich an dieser Stelle aber bereits aus der Doppelwirkung des Vergleichs im Zivilverfahren. Soweit der Vergleich materiell unwirksam ist, gilt dies nicht nur für den Vergleich im Sinne des § 779 BGB selbst, sondern auch für die damit einhergehende das Verfahren beendende Prozesshandlung.[233] Ein unwirksamer Vergleich führt nicht zur Beendigung des Rechtsstreites, der aufgrund der Geltendmachung der Unwirksamkeit fortzuführen ist.[234]

Mangels Doppelwirkung des schiedsgerichtlichen Vergleiches herrschen an dieser Stelle im Schiedsverfahren andere Umstände. Der Grundgedanke aber, dass die Zurückverweisung an das ursprünglich gebildete Schiedsgericht zum Erlass einer streitigen Entscheidung für den Fall des Scheiterns eines Vergleiches der Parteien der beste Weg ist erscheint übertragbar. Auch das Schiedsverfahren wäre ohne den durch die Parteien veranlassten Vergleich nicht beendet worden und das nunmehr erneut aufzurufende Gericht hätte die streitige Entscheidung getroffen. Dass bei Wegfall des Beendigungsgrundes eine Entscheidung durch dieses prozessökonomisch ist und auch vom Konsens der Parteien, welche das

232 *Frische*, Verfahrenswirkungen und Rechtskraft gerichtlicher Vergleiche, S. 17 f.

233 *Lackmann*, in: Musielak/Voit, ZPO, § 794 Rn. 20.

234 *Stöber*, in: Zöller, ZPO, § 794 Rn. 15a); vgl. dazu auch die Ausführungen von *Waßmuth*, Richtigkeitskontrolle und Rechtskraft des Schiedsspruchs mit vereinbartem Wortlaut, zu der Entscheidung des Oberlandesgerichts Düsseldorf vom 10.09.1999 – 22 Sch 1/99, S. 71 f.

Gericht zur Bestimmung des nunmehr erneut offenen Streites bestimmt hatten, getragen ist, liegt nahe.

c) Auswirkungen der Aufhebung auf die Rechtswirkungen des vorangegangenen Verfahrens

Im Zusammenhang mit der Aufhebung einer schiedsrichterlichen Entscheidung stellt sich auch die Frage des Fortbestandes durch das Verfahren verursachter Rechtswirkungen. Wird die Aufhebung des Schiedsspruches durch das staatliche Gericht formell rechtskräftig, beseitigt das die Wirkungen des Schiedsspruches rückwirkend; die Frage ist, wie Rechtswirkungen des stattgefundenen Verfahrens aufrechterhalten werden können, etwa, wenn das alte Verfahren der Hemmung der Verjährung gedient hat. Wie wirkt § 204 II BGB in dieser Konstellation?

Gemäß § 204 I Nr. 11 BGB wird die Verjährung durch den Beginn eines schiedsrichterlichen Verfahrens gehemmt; die Hemmung endet gemäß § 204 II BGB sechs Monate nach der rechtskräftigen Entscheidung. Für den Fall einer bejahenden Entscheidung verjährt der rechtskräftig festgestellte Anspruch gemäß §§ 197 I Nr. 3 i.V.m. § 201 S. 1 BGB erst nach dreißig Jahren.

Zu untersuchen ist jedoch, wie sich ein Aufhebungsantrag auf den sechsmonatigen, dem Verfahren nachwirkenden Hemmungszeitraum auswirkt und ob die Hemmungswirkung in das, wohl regelmäßig länger dauernde, staatliche Verfahren „mit hinein gezogen" werden kann.

Laut *Münch* soll völlig ungeklärt sein, was im Falle eines siegreich durchgefochtenen Aufhebungsantrages passiere.[235] Zwar falle die dreimonatige Aufhebungsfrist gemäß § 1059 III ZPO in die sechsmonatige Verjährungsnachfrist gemäß § 204 II BGB. Das Problem liege aber gerade darin, dass es an einer „Hemmungsverlängerung" in das Aufhebungsverfahren fehle. Es bestehe deshalb die Gefahr, selbst im Falle der Aufhebung aufgrund zwischenzeitlich eingetretener Verjährung den Anspruch im Ergebnis zu verlieren.

Er schlägt vor[236], § 204 II S. 1 BGB undogmatisch zu lesen. Die Hemmung der Verjährung bis sechs Monate nach der rechtskräftigen Entscheidung könne so interpretiert werden, dass erst *„die Summe aus Sachentscheidung des Schiedsgerichts und Formalkontrolle des Staatsgerichts"* die *„rechtskräftige Entscheidung"* im Sinne des § 204 II S. 1 BGB darstelle. Den Rechtskrafteintritt müsse man insoweit teleologisch mit der Endverbindlichkeit der Entscheidung gleichsetzen.

---

235 *Münch*, in: Festschrift Schlosser, S. 626.
236 *Münch*, in: Festschrift Schlosser, S. 627.

Diese Herangehensweise entspricht einer lebensnahen Betrachtung und erfüllt die Bedürfnisse der Praxis. Sie lässt sich auch aus der Gesetzeshistorie begründen. Aus den Gesetzesmaterialien ergeben sich folgende Vorüberlegungen zu der Einführung des § 204 BGB:[237] Der Gläubiger müsse davor geschützt werden, dass sein Anspruch verjähre, nachdem er ein förmliches Verfahren mit dem Ziel der Durchsetzung des Anspruches eingeleitet habe. Die Entscheidung über die Durchsetzung eines Anspruches in einem grundsätzlich nur eine Instanz umfassenden Schiedsverfahren fällt damit zunächst einmal also in der verfahrensbeendenden schiedsgerichtlichen Entscheidung. Um der mit § 204 BGB verfolgten Zielsetzung jedoch vollständig gerecht zu werden, ist es erforderlich, eine "Hemmungsverlängerung" bis in das Aufhebungsverfahren hinein zu bejahen. Da sich das Aufhebungsverfahren auf den Bestand der ursprünglichen Entscheidung auswirkt, muss auch die verjährungshemmende Wirkung dieses Verfahrens bis zur Beendigung des Aufhebungsverfahrens gegeben sein.

6. Internationaler Ausblick auf die rechtliche Bewertung und Aufhebung von Schiedssprüchen mit vereinbartem Wortlaut

Im Folgenden soll ein Überblick über die Behandlung des Schiedsspruches mit vereinbartem Wortlaut in den Regelungen des Modellgesetzes sowie verschiedenen Rechtsordnungen aufgezeigt werden.

a) Die Behandlung von Schiedssprüchen mit vereinbartem Wortlaut nach dem Modellgesetz

Das UNCITRAL Modellgesetz für die internationale Handelsschiedsgerichtsbarkeit wurde 1985 erlassen, um Staaten bei der Reformierung ihrer Gesetze über die Schiedsgerichtsbarkeit zu unterstützen und zielte deshalb darauf ab, die Bedürfnisse der internationalen Schiedsgerichtsbarkeit umfassend einzubeziehen. Der deutsche Gesetzgeber hat das Modellgesetz mit der Schiedsreform vom 1.1.1998 umgesetzt.[238]

Die Schiedsvergleichsregelung in § 1053 I ZPO kommt der des Art. 30 I Modellgesetz zunächst sehr nahe. Soweit sich die Parteien während des Verfahrens vergleichen, wird dieses durch das Schiedsgericht beendet, welches

237 BT Drucks. 14/6040 (Entwurf eines Gesetzes zur Modernisierung des Schuldrechts), S. 112.

238 Eingehend dazu: *Berger*, Neues Schiedsverfahrensrecht in der Praxis, RIW 2001, S. 7.

auf Antrag einen Schiedsspruch mit vereinbartem Wortlaut erlässt. Auch nach dem Modellgesetz steht dieser einem Schiedsspruch in der Sache und mithin einem bestandskräftigen gerichtlichen Urteil gleich.[239]

Die Rechtsfolgen einer Aufhebung nach § 1059 IV, V ZPO stellen hingegen eine abweichende Regelung zu der Ursprungsregelung der Aufhebbarkeit von Schiedssprüchen in Art. 34 Modellgesetz dar. Nach Art. 34 IV Modellgesetz wird das Aufhebungsverfahren vor dem staatlichen Gericht ausgesetzt, um dem Schiedsgericht die Möglichkeit zu eröffnen, den gerügten Fehler zu beheben.

Auch wenn der deutsche Gesetzgeber sich damit für eine andere Gestaltung des Verfahrens zur Aufhebung entschieden hat, stimmen die Regelungen in dem an dieser Stelle zunächst ausschlaggebenden Punkt der Normierung eines einem streitigen Schiedsspruch gleichstehenden „Vergleichsschiedsspruches“ nebst Möglichkeit seiner Aufhebung überein.

b) Der Schiedsspruch mit vereinbartem Wortlaut im Rahmen einer internationalen Perspektive

Eine Regelung für einen Schiedsspruch mit vereinbartem Wortlaut auf der Grundlage eines Schiedsvergleichs der Parteien lässt sich auch in anderen nationalen Rechtsordnungen aufzeigen.

aa) Englisches Recht

Auch im englischen Recht lässt sich mit Section 51 Arbitration Act zunächst eine den Art. 30 I Modellgesetz umsetzende Regelung aufzeigen, welche einen Schiedsspruch mit vereinbartem Wortlaut aufgrund eines Vergleiches der Parteien normiert. Dieser wird ebenfalls auf Antrag der Parteien erlassen und hat dieselbe Wirkung wie ein Schiedsspruch in der Sache, Section 51 II, III Arbitration Act.

Daneben erscheint jedoch auch das Festhalten an der bloßen schuldrechtlichen Vereinbarung möglich: Es wird darauf hingewiesen, dass sich die Parteien üblicherweise durch die in einem Vergleich festgehaltenen Rechte und Pflichten gebunden fühlen würden, das mehr formelle Festhalten in einem Schiedsspruch aber vor allem im Hinblick auf die Vollstreckung nützlich sei.[240]

---

239 *Hußlein-Stich*, Das UNCITRAL-Modellgesetz über die internationale Handelsschiedsgerichtsbarkeit, S. 164 f.

240 *Mustill/Boyd*, Commercial Arbitration, Section 51, S. 334.

Die Aufhebung eines Schiedsspruches ist nach Section 68 Arbitration Act aufgrund des Vorliegens von „*serious irregularity*" möglich. Der Absatz zwei der Norm umfasst einen umfänglichen Katalog von Aufhebungsgründen, welche vergleichbar den international gültigen Regelungen Umstände des Gerichts, des Verfahrens und des Schiedsspruches selbst umfassen. Ein Fall von „*serious irregularity*" liegt vor, soweit einer der dort aufgeführten Umstände gegeben ist und die die Aufhebungsklage beantragende Partei von diesem in gewissem Ausmaß betroffen ist oder sein wird.[241] Für die Aufhebung eines Schiedsspruches aufgrund der Unwirksamkeit des Vergleiches könnten auch nach englischem Recht die Gründe eines Verfahrensverstoßes oder der Verstoß gegen public policy in Betracht kommen (Section 68 II lit. c), g)).

Ferner könnte im englischen Recht noch der speziellere Aufhebungsgrund des Art. 68 II i) Arbitration Act zur Anwendung kommen. Dieser umfasst Fälle, in welchen eine Korrektur des Schiedsspruches aufgrund von Missständen erforderlich ist. Damit sind Sachverhalte betroffen, in denen einem Schiedsgericht oder einer schiedsgerichtlichen Institution Fehler unterlaufen sind, die nicht bereits von den sonstigen Aufhebungsgründen umfasst sind.[242] Ob sich dieses Rechtsinstitut aber auf den Fall anwenden lässt, dass das Schiedsgericht den Parteiwillen auf deren Antrag in einen Schiedsspruch umgesetzt hat, erscheint jedoch höchst fraglich.

Die Rechtsfolgen des Aufhebungsverfahrens werden in Art. 68 III Arbitration Act normiert. Danach kann das Gericht die Streitigkeit entweder an das ursprüngliche Schiedsgericht zurückverweisen oder den Schiedsspruch aufheben oder für nichtig erklären. Aufhebung und Nichtigkeitserklärung sollen allerdings nur nachrangig in Betracht kommen.

Aufgehoben soll der Schiedsspruch nur dann werden, wenn die maßgeblichen Umstände so schwerwiegend sind, dass zu ihrer Ausräumung ein neues Verfahren erforderlich oder eine erneute Entscheidung durch die vorhandenen Schiedsrichter unangemessen ist.[243]

bb) Französisches Recht

Auch das französische Prozessrecht, Code de Procédure Civile, differenziert in seinen Bestimmungen zwischen nationalen und internationalen Vorschriften.

241 *Merkin,* Arbitration Act 1996, An Annotated Guide, Section 68, S. 99.
242 *Sutton/Gill/Gearing,* Russel on Arbitration, 8 - 114.
243 *Merkin,* Arbitration Act 1996, An Annotated Guide, Section 68, S. 101.

Sie enthalten aber jeweils keine ausdrücklichen Bestimmungen über den Schiedsspruch mit vereinbartem Wortlaut.

Dennoch ist dieser auch im französischen Recht als „sentence d´accord“ oder „sentence d´accord-parties“ anerkannt.[244] Auch ohne ausdrückliche Verfahrensvorschriften ergeht ein solcher Schiedsspruch, wenn die Parteien beim Schiedsgericht beantragen, dass dieses den Inhalt eines Vergleiches in einen Schiedsspruch mit vereinbartem Wortlaut inkorporiere.[245] Wie auch in anderen Jurisdiktionen ist das Schiedsgericht auf Antrag der Parteien trotz mangelnder Normierung auch nach französischem Recht verpflichtet, entsprechend zu verfahren.[246] Einem solchen Schiedsspruch mit vereinbartem Wortlaut soll ebenfalls die Wirkung eines streitigen Schiedsspruches zukommen.[247]

Dessen Aufhebbarkeit richtet sich mithin nach den unter französischem Recht zur Verfügung stehenden Aufhebungsmechanismen.

Die das interne französische Schiedsrecht normierenden Vorschriften differenzieren zunächst zwischen dem Annulment, der Aufhebungs- oder Nichtigkeitsklage, und dem Appeal.

Das in Art. 1491 bis 1493 Code de Procédure Civile geregelte Aufhebungsverfahren normiert einen den üblichen Bestimmungen entsprechenden Katalog von Aufhebungsgründen.

Als Rechtsfolge normiert Art. 1493 Code de Procédure Civile jedoch, dass das die Aufhebung beurteilende Gericht im Falle einer positiven Entscheidung in Folge auch über die materiellen Umstände des Sachverhaltes entscheidet. Dies soll dem Zweck dienen, weitere Kosten und Zeitverzögerungen, welche durch ein weiteres Schiedsverfahren entstünden, zu vermeiden.[248]

Art. 1489, 1490 Code de Procédurale Civile bieten den Parteien ferner die Möglichkeit der Vereinbarung einer zweiten Instanz. In diesen Fällen entscheidet der Cour d´Appel im Rahmen der Zuständigkeit des Schiedsgerichtes über die Wirksamkeit der Schiedsabrede und die materiellen Streitgegenstände.[249]

Internationale Schiedsverfahren sind laut Art. 1504 Code de Procédure Civile solche, bei welchen internationale Handelsinteressen betroffen sind. Es ist davon

---

244 *Bühler/Webster*, Handbook of ICC Arbitration, Art. 26 Rn.1, Fußnote 1.

245 *Frische*, Verfahrenswirkungen und Rechtskraft gerichtlicher Vergleiche, S. 252.

246 *Fouchard/Gaillard/Goldman*, On International Commercial Arbitration, S. 745 Rn. 1365 f.

247 *Delvolvé/Pointon/Rouche*, French Arbitration Law in Practice, S. 165 Rn. 306.

248 *Delvolvé/Pointon/Rouche*, French Arbitration Law in Practice, S. 272 Rn. 491.

249 *Delvolvé/Pointon/Rouche*, French Arbitration Law in Practice, S. 274 Rn. 492.

auszugehen, dass auch für solche Verfahren die Möglichkeit eines Schiedsspruches mit vereinbartem Wortlaut besteht.

Inwieweit die Normierungen des nationalen Schiedsrechts darüber hinaus auf internationale Schiedsverfahren zu übertragen sind, regelt Art. 1506 Code de Procédure Civile. Dieser verweist jedoch nicht auf die Aufhebungsmechanismen des nationalen Rechts. Unabhängig von diesen wird in Art. 1518, 1520 Code de Procédure Civile aber auch für internationale Schiedsverfahren ein Aufhebungsmechanismus statuiert. Im Erfolgsfalle ist die Entscheidung im internationalen Recht erneut einem Schiedsgericht zu übertragen. Anders als im nationalen Verfahren entscheidet der Cour d´Appel in diesen Fällen nicht.[250]

Es ist nach allem festzustellen, dass das französische Recht das Konstrukt eines Schiedsspruches mit vereinbartem Wortlaut trotz mangelnder Normierung grundsätzlich anerkennt. Unabhängig davon wird jedoch das Aufhebungsverfahren, zumindest im Rahmen des nationalen Rechts, anders als in den meisten Jurisdiktionen gehandhabt, indem die Aufhebung ohne Weiteres zu einer materiellen Entscheidungskompetenz der staatlichen Gerichtsbarkeit führt.

cc) Schweizerisches Recht

Auch im schweizerischen Recht können die Parteien in einem laufenden Schiedsverfahren zu einer vergleichsweisen Einigung gelangen; schätzungsweise mindestens die Hälfte der Schiedsverfahren in der Schweiz werden durch Vergleich beendet.[251]

Im schweizerischen Schiedsverfahrensrecht wird zwischen dem Recht für nationale und dem für internationale Schiedsverfahren unterschieden.

Auch die schweizerische Zivilprozessordnung regelt die nationalen Schiedsverfahren. Nach Art. 385 ZPO wird eine Einigung zwischen den Parteien in Form eines Schiedsspruches festgehalten.

Die Unwirksamkeit eines Vergleiches als des dem Schiedsspruch zugrunde liegenden Rechtsgeschäftes bewirkt auch nach schweizerischem Recht nicht die Unwirksamkeit des Schiedsspruches.[252]

---

250 *Fouchard/Gaillard/Goldman*, On International Commercial Arbitration, S. 907 Rn. 1591.

251 *Berger/Kellerhals*, Internationale und interne Schiedsgerichtsbarkeit in der Schweiz, S. 502 ; *Pfisterer/Schnyder*, Internationale Schiedsgerichtsbarkeit, S. 136.

252 *Frische*, Verfahrenswirkungen und Rechtskraft gerichtlicher Vergleiche, S. 247.

Gegen den Bestand des Schiedsspruches muss vielmehr aktiv vorgegangen werden, wobei das nationale schweizerische Schiedsrecht zwischen der Beschwerde und dem Revisionsverfahren differenziert.

Die Nichtigkeitsklage nach Art. 389 ff. ZPO statuiert in Art. 393 ZPO einen Katalog von Beschwerdegründen, bei deren Vorliegen eine Beschwerde möglich ist. Der Umstand, dass ein Schiedsspruch mit vereinbartem Wortlaut aufgrund der Unwirksamkeit des ihm zugrunde liegenden Vergleiches aufgehoben werden soll, müsste deshalb unter einen der normierten Aufhebungsgründe passen.

In Betracht kommt eine Aufhebbarkeit nach Art. 393 e) ZPO, welcher einschlägig ist, soweit der aufzuhebende Schiedsspruch willkürlich ist, da er auf offensichtlich aktenwidrigen tatsächlichen Feststellungen oder auf einer offensichtlichen Verletzung von Recht und Billigkeit beruht.

Inwieweit die Unwirksamkeit des Vergleiches einen Verstoß darstellt, dessen Schwere ausreicht, um die Aufhebbarkeit zu rechtfertigen, ist im Einzelfall zu prüfen. Soweit die Beschwerde erfolgreich ist, wird der Schiedsspruch aufgehoben und das ursprüngliche Schiedsgericht hat erneut zu entscheiden.[253]

Gegen den Schiedsspruch mit vereinbartem Wortlaut kommt weiterhin die Geltendmachung im Revisionsverfahren in Betracht, welches in Art. 396 ff. ZPO geregelt ist. Während das vor der schweizerischen ZPO geltende Konkordat über die Schiedsgerichtsbarkeit einen solchen Revisionsgrund noch nicht ausdrücklich vorsah, kann die Revision eines Schiedsspruchs laut Art. 396 c) ZPO ausdrücklich verlangt werden, wenn geltend gemacht wird, dass der schiedsgerichtliche Vergleich unwirksam ist.

Soweit das zuständige staatliche Gericht die Revision für begründet erachtet, hebt es den Schiedsspruch auf und weist die Sache zur Neubeurteilung an das (ursprüngliche) Schiedsgericht zurück (Art. 399 ZPO).

Das Bundesgesetz über das internationale Privatrecht, welches in seinem 12. Kapitel die internationale Schiedsgerichtsbarkeit regelt, enthält hingegen keine Regelung, welche den Schiedsspruch mit vereinbartem Wortlauts ausdrücklich normiert. Es ist jedoch anerkannt, dass ein solcher auf Antrag der Parteien zur Sicherung der Vollstreckung erlassen werden kann.[254]

---

253 *Wiget*, Vergleich, Klageanerkennung und Klagerückzug vor Schiedsgerichten, S. 111 f.

254 *Lalive/Poudret/Reymond*, Le Droit de L'Arbitrage – Interne et International en Suisse, S.418; *Walter/Bosch/Brönnigmann*, Internationale Schiedsgerichtsbarkeit in der Schweiz, Kommentar zu Kapitel 12 des IPR-Gesetzes, S. 205 f.

Im Rahmen internationaler Schiedsverfahren ist als Rechtsmittel im IPRG zum einen die Beschwerde geregelt; da dies als Novellierungslücke angesehen wird, ist aber auch eine Revision zulässig.[255]

Die Beschwerde im Sinne des Art. 190 IPRG stellt eine Anfechtungsmöglichkeit für alle Arten von Endentscheiden, mithin auch den Schiedsspruch mit vereinbartem Wortlaut, dar.[256] Sie umfasst ebenfalls einen Katalog von Aufhebungsgründen, von welchen für die Aufhebbarkeit eines Schiedsspruches mit vereinbartem Wortlaut aufgrund der Ungültigkeit des Vergleiches ebenfalls der Aufhebungsgrund der ordre public-Widrigkeit, Art. 190 II e) IPRG, in Betracht kommt.

Mit der Beschwerde werden die Aufhebung des angefochtenen Schiedsspruches und die Rückverweisung verlangt. Bei erfolgreicher Beschwerde hat somit das ursprüngliche Schiedsgericht erneut zu entscheiden.[257]

dd) Schwedisches Recht

Im schwedischen Recht findet sich die Regelung des Schiedsspruches mit vereinbartem Wortlaut in Section 27 II Swedish Arbitration Act. Dem Modellgesetz ebenfalls nachempfunden ist es, soweit die Parteien einen Vergleich geschlossen haben, möglich diesen entsprechend ihrem Willen, in einen Schiedsspruch zu kleiden.

Auch das schwedische Recht umfasst ein Aufhebungsverfahren. Die Unwirksamkeitsgründe eines Schiedsspruches und entsprechende Aufhebungsmechanismen sind in Sections 33-36 Swedish Arbitration Act normiert.

Vorliegend kommt für den Fall der Unwirksamkeit des Vergleiches zum einen eine Unwirksamkeit des Schiedsspruches nach Section 33 II Swedish Arbitration Act in Betracht, wonach eine Entscheidung unwirksam ist, soweit sie gegen schwedisches Recht verstößt. Auch an dieser Stelle könnte sich der Erlass eines Schiedsspruches mit vereinbartem Wortlaut in Ermangelung einer wirksamen Parteivereinbarung als Rechtsverstoß darstellen.

Darüber hinaus könnte die Anwendung des Section 34 VI Swedish Arbitration Act als Aufhebungsgrund in Betracht kommen. Nach diesem kann eine Entscheidung aufgehoben werden, soweit, ohne Verschulden der Parteien,

---

255 *Frische*, Verfahrenswirkungen und Rechtskraft gerichtlicher Vergleiche, S. 249.

256 *Wiget*, Vergleich, Klageanerkennung und Klagerückzug vor Schiedsgerichten, S. 89 f.

257 *Berger/Kellerhals*, Internationale und interne Schiedsgerichtsbarkeit in der Schweiz, S. 579 Rn. 1653 f.

ein Fehler im Verfahren begangen wurde, welcher sich auf die Entscheidung ausgewirkt hat.

Nach Section 35 Swedish Arbitration Act kann das ordentliche Gericht das Aufhebungsverfahren aussetzen, um dem Schiedsgericht Gelegenheit zu geben den Fehler zu korrigieren bzw. eine Entscheidung zu finden.

ee) Internationaler Konsens

Zusammenfassend lässt sich mithin feststellen, dass die Normierung eines Schiedsspruches mit vereinbartem Wortlaut aufgrund eines Vergleiches der Parteien und dessen Aufhebbarkeit grundsätzlich international anerkannt sind und lediglich in Einzelheiten voneinander abweichen können.

Die Aufhebungsmöglichkeit von Schiedssprüchen gilt international als „*Abwehrmechanismus gegen Korruption, Willkür und Unabhängigkeit*“ der Schiedsrichter und hat auch unter diesem Blickwinkel Bedeutung.[258]

---

258 *Lew/Mistelis/Kröll*, Comparative International Commercial Arbitration, S. 665 Rn. 25-27.

V. Der Beendigungsbeschluss

Neben dem regulären Ende eines Schiedsverfahrens mittels eines Schiedsspruches kann das Verfahren auch „*irregulär*“[259] durch einen Beendigungsbeschluss des Schiedsgerichts abgeschlossen werden.

1. Rechtsgrundlage des Beendigungsbeschlusses

Das Schiedsgericht beendet das Verfahren mit einem Beendigungsbeschluss gem. § 1056 I 2.Var ZPO, soweit einer der in II aufgezählten Gründe vorliegt. Dabei ist umstritten, ob die Aufzählung abschließend ist[260], jedenfalls ist ein Abschluss nach Maßgabe eines aufgezählten Grundes möglich.

§ 1056 II 2 ZPO definiert eine entsprechende Vereinbarung zwischen den Parteien als Beendigungsgrund und damit als Grundlage für einen Beendigungsbeschluss. Die Parteien als Herren des Verfahrens können mithin jederzeit die Beendigung des Verfahrens vereinbaren und treffen dadurch eine für das Schiedsgericht bindende Entscheidung, welche dieses im Wege eines Beendigungsbeschlusses umsetzt.[261] Diese Ausgestaltung der Verfahrensbeendigung kommt insbesondere in Betracht, wenn sich die Parteien verglichen haben und eine einverständliche Beendigung des Verfahrens anstreben.[262]

In diesem Zusammenhang ist jedoch erforderlich, dass sich die Parteien nicht nur materiell rechtlich einigen, sondern auch eine Einigung über die Art der Verfahrensbeendigung erzielen. Insbesondere, wenn eine sachliche Einigung erzielt, aber nicht in einen Schiedsspruch gefasst wird, kann es zu Komplikationen kommen, weil die Vereinbarung der Parteien auslegungsbedürftig ist.[263]

Soweit es an einer Einigung über die Verfahrensbeendigung als Grundlage des § 1056 ZPO fehlt, kann das schiedsgerichtliche Verfahren nicht beendet werden; § 1053 ZPO bildet alleine keine ausreichende Rechtsgrundlage für eine Verfahrensbeendigung.[264]

---

259 *Münch*, in: Münchener Kommentar ZPO, § 1056 Rn. 14.

260 Enumerativ: *Münch*, in: Münchener Kommentar ZPO, § 1056 Rn. 14; a.A. *Voit*, in: Musielak/Voit, ZPO, § 1056 Rn.1.

261 *Lachmann*, Handbuch für die Schiedsgerichtspraxis, Rn. 1855.

262 *Schütze*, Schiedsgericht und Schiedsverfahren, S. 134 Rn. 546.

263 *Gerstenmaier*, Beendigung des Schiedsverfahrens durch Beschluss nach § 1056 ZPO, SchiedsVZ 2010, S. 281 (284).

264 *Busse*, Der Schiedsvergleich als verfahrensrechtliche Falle, SchiedsVZ 2010, S. 57 (58).

§ 1056 ZPO ist eine abschließende Regelung für die Beendigung von Schiedsverfahren.[265] Liegt keiner der Beendigungsgründe des § 1056 II ZPO vor, ist das Verfahren fortzuführen, eine materiell-rechtlich getroffene Vereinbarung über den Streitgegenstand oder Teile hiervon ist dabei sachlich zu berücksichtigen.

2. Rechtliche Einordnung und Wirkungen des Beendigungsbeschlusses

Soweit die entsprechenden Voraussetzungen vorliegen und ein Beendigungsbeschluss erlassen wurde, ist fraglich, wie dieser rechtlich zu beurteilen ist und welche Konsequenzen sich aus ihm ergeben.

a) Konsequenzen bei Erlass eines Beendigungsbeschlusses

Für die rechtliche Wirkung eines Beendigungsbeschlusses ist zunächst § 1056 III ZPO heranzuziehen. Dieser bestimmt, dass mit dem Beendigungsbeschluss grundsätzlich das Amt des Schiedsgerichtes endet. Dies gilt jedoch unter dem Vorbehalt, dass bereits eine Kostenentscheidung im Sinne des § 1057 II ZPO vorliegt und keine Berichtigung, Auslegung oder Ergänzung gem. § 1058 ZPO mehr erforderlich ist. Darüber hinaus verweist auch § 1056 III ZPO auf § 1059 IV ZPO, wonach eine Zurückverweisung an das Schiedsgericht unter gewissen Voraussetzungen möglich ist.

Mit der Beendigung des Schiedsrichteramtes korrespondiert die Fälligkeit der Schiedsrichtervergütung gem. § 614 S. 1 BGB.

Neben der Beendigung des Schiedsrichteramtes steht bei einer Verfahrensbeendigung durch Beschluss ebenfalls der Wegfall der Schiedshängigkeit.[266] Damit endet gem. § 204 II BGB auch die an diese geknüpfte Hemmung der Verjährung nach Ablauf der sechsmonatigen Nachfrist, es sei denn er unterliegt einem Aufhebungsverfahren und dieses bewirkt eine Hemmungsverlängerung.[267]

---

265 *Schütze*, Die gerichtliche Überprüfung von Entscheidungen des Schiedsgerichts, SchiedsVZ 2009, S. 241 (246).

266 *Schütze*, Schiedsgericht und Schiedsverfahren, S. 135 Rn. 549 f.; *Haas*, Aufhebungsklage und Beendigungsbeschluss nach § 1056 Abs. 2 ZPO, SchiedsVZ 2010, S. 286.

267 Vgl. dazu IV. 5. c)

b) Das Verhältnis eines Beendigungsbeschlusses aufgrund Parteivereinbarung zum Schiedsspruch mit vereinbartem Wortlaut

Nicht abschließend geklärt ist das Verhältnis eines Beendigungsbeschlusses gemäß § 1056 II 2 ZPO aufgrund von Parteivereinbarung zu einem Schiedsspruch mit vereinbartem Wortlaut.

Der Wortlaut des § 1056 I ZPO drückt mit *„oder"* eine klare Alternativität der Entscheidungsformen aus. Der Wortlaut des § 1053 I 1 ZPO spricht hingegen lediglich davon, dass das Schiedsgericht das Verfahren nach einem Vergleich beende und schiebt in § 1053 I 2 ZPO nach, dass auf Antrag der Parteien ein Schiedsspruch erlassen werden könne.

Nach dem Wortlaut des § 1053 I ZPO ist nicht auszuschließen, dass neben dem Erlass eines Schiedsspruches mit vereinbartem Wortlaut zur Erhebung des Vergleichswortlauts in einen Titel dennoch die Notwendigkeit für einen verfahrensbeendenden Beschluss besteht.

Kann gegebenenfalls ein Beendigungsbeschluss in der Form notwendig sein, dass das Schiedsgericht die Wirksamkeit des Vergleiches und zugleich dessen Übereinstimmung mit dem ordre public feststellt? Könnte eine solche Entscheidung etwa dahin lauten, dass neben dem Schiedsspruch mit vereinbartem Wortlaut zu entscheiden ist, dass damit das Schiedsverfahren beendet ist, weil der Vergleich wirksam zu Stande gekommen ist und dem ordre public nicht widerspricht?

Es wird vertreten, dass der Erlass eines Beendigungsbeschlusses nach § 1056 II Nr. 2 ZPO neben dem beantragten und in der Form des § 1054 ZPO erlassenen Schiedsspruchs mit vereinbartem Wortlaut möglich sei. Dies sei aber nicht zwingend erforderlich.[268]

Diese Sichtweise wird zunächst bestätigt: In Art. 30 des Modellgesetzes, an welchem sich der Wortlaut des § 1053 ZPO orientiert, heißt es *„terminate the proceedings, and.. record... an award"*. Das deutet mithin auf ein Nebeneinander der Entscheidungsformen hin. Dieser Eindruck des Nebeneinanders verstärkt sich umso mehr, wenn man die Entwicklung der Gestaltung des Modellgesetzes betrachtet. Denn wo ursprünglich ein *„or"* zwischen der Beendigung des Schiedsverfahrens und dem Erlass des Schiedsspruches vorgesehen war, wurde

268 *Prütting*, in: Prütting/Gehrlein, ZPO, § 1053 Rn. 9.

im Rahmen einer "Verbesserung" des Wortlautes das „*or*" durch das „*and*" ersetzt.[269]

Daraus könnte man schließen, dass es der gesetzgeberischen Intention entsprach, dass ein Schiedsverfahren im Falle einer vergleichsweisen Einigung der Parteien grundsätzlich durch einen Beendigungsbeschluss zu beenden sei und ein Schiedsspruch mit vereinbartem Wortlaut lediglich zusätzlich ergehen könne.[270] Ein entsprechendes Verständnis würde die Begrifflichkeit des Schiedsspruches als *reguläre* Beendigungsform im Gegensatz zur *irregulären* Beendigung mittels eines Beschlusses jedoch aushebeln.[271]

Gegen diese Sichtweise spricht auch der klare Wortlaut des § 1053 II 2 ZPO, wonach der Schiedsspruch mit vereinbartem Wortlaut wie jeder andere Schiedsspruch zur Sache wirkt. Andere Schiedssprüche beinhalten ebenso wenig wie Urteile staatlicher Gerichte die gesonderte Feststellung, dass damit nunmehr das Verfahren oder die jeweilige Instanz beendet sei.

Auch gesetzessystematisch erscheinen diese Überlegungen zu formal. In diesem Rahmen dürfte es ein zwingendes Erfordernis sein, dass ein Schiedsspruch unabhängig von einer weiteren Entscheidung zur Beendigung des Verfahrens führt. Nach § 1055 ZPO hat der Schiedsspruch unter den Parteien die Wirkungen eines rechtskräftigen gerichtlichen Urteils. In der ordentlichen Gerichtsbarkeit beendet das rechtskräftige Urteil ohne Weiteres das Verfahren. Für die Schiedsgerichtsbarkeit ist das in § 1056 I 1. Alt. ZPO ausdrücklich angeordnet.

Aufgrund der verfahrensbeendenden Wirkung eines Schiedsspruches und in Ermangelung des Erfordernisses einer zusätzlichen Beendigungsentscheidung ist davon auszugehen, dass die beiden Entscheidungsformen in einem Alternativitätsverhältnis zueinander stehen.

c) Der Beendigungsbeschluss im Verhältnis zu einem neuen Verfahren über den gleichen Streitgegenstand

Der Beendigungsbeschluss stellt die Beendigung des entsprechenden Verfahrens fest. Zu untersuchen ist, ob er darüber hinaus auf ein erneut einzuleitendes Verfahren über den gleichen Streitgegenstand Auswirkungen hat.

---

269 *Holtzmann/Neuhaus*: The Uncitral Model Law on International Commercial Arbitration, Art. 30 S. 829: Vergleich des Second Draft und des Fourth Working Group Report.

270 Entsprechende Erwägungen stellt auch *Münch*, in: Münchener Kommentar ZPO, § 1053 Rn. 34 ff. an.

271 So differenziert von *Münch*, in: Münchener Kommentar ZPO, § 1056 Rn. 4, 14.

aa) Keine entgegenstehende Rechtskraft

Ein neues Verfahren kann trotz des bestehenden Beendigungsbeschlusses eingeleitet werden. Der Beschluss beeinträchtigt den Bestand der Schiedsvereinbarung in der Regel nicht, da davon auszugehen ist, dass die Parteien auch weitere aufkommende Streitigkeiten der Schiedsgerichtsbarkeit unterstellen wollen und eine entsprechende Abrede insofern nicht erlischt.[272]

Der Bestand des Beendigungsbeschlusses soll der Einleitung eines erneuten Verfahrens nicht entgegenstehen. Denn soweit man dem Beendigungsbeschluss überhaupt materielle Rechtskraft zurechnet, erwächst diese jedenfalls nur mit der Wirkung, dass das ursprüngliche Schiedsverfahren beendet wurde.[273]

Außerdem könnte noch eine Kollision im Rahmen einer Rechtshängigkeit in Betracht zu ziehen sein. Insoweit ist zunächst zu klären, ob die Rechtshängigkeit im schiedsrichterlichen Verfahren derjenigen im staatlichen Zivilprozess in ihren Wirkungen gleichsteht.

Es wird angenommen, dass ein bereits eingeleitetes schiedsgerichtliches Verfahren aufgrund seiner Rechtshängigkeit der Eröffnung eines neuen über denselben Streitgegenstand entgegenstehen könnte.[274] Eine solche Problematik würde sich mithin stellen, wenn das erste Verfahren noch rechtshängig wäre.

Im Zivilprozess endet die Rechtshängigkeit mit dem rechtskräftigen Urteil. Da der Schiedsspruch in seinen Wirkungen gem. § 1055 ZPO einem solchen gleichgestellt ist, endet die Rechtshängigkeit des Schiedsverfahrens mit Erlass des endgültigen Schiedsspruches.

Soweit für den Beendigungsbeschluss entsprechendes gilt, endet mit diesem die Rechtshängigkeit des ursprünglichen Verfahrens. Mangels einer Entscheidung in der Sache ist die Einleitung eines neuen Verfahrens über denselben Streitgegenstand möglich.

bb) Die Aufhebungsmöglichkeit im Rechtsweggefüge

Zu prüfen ist jedoch, in welchem Verhältnis das durch Beendigungsbeschluss beendete und ein neues Verfahren zueinander stehen. Könnte die Eröffnung

---

272 *Haas*, Aufhebungsklage und Beendigungsbeschluss nach § 1056 Abs. 2 ZPO, SchiedsVZ 2010, S. 286 (290); *Schlosser*, in: Stein/Jonas, ZPO, § 1056 Rn. 9; *von Schlabrendorff/Sessler*, in: Böckstiegel/Kröll/Nacimiento, Arbitration in Germany, § 1056 Rn. 6; *Münch*, in: Münchener Kommentar ZPO, § 1032 Rn. 18.

273 *Schlosser*, in: Stein/Jonas, ZPO, Bd. 9, § 1056 Rn. 10.

274 *Bosch*, Rechtskraft und Rechtshängigkeit im Schiedsverfahren, S. 207.

einer Aufhebungsmöglichkeit zu einer entsprechenden "Verpflichtung" als Voraussetzung für ein neues Verfahren führen?

Vergleichbar der Systematik der Rechtswegerschöpfung könnte man den Ansatz vertreten, dass, soweit die Aufhebung eines Beendigungsbeschlusses möglich wäre, eine solche ein milderes Mittel im Vergleich zur Einleitung eines neuen Verfahrens darstellen würde und deshalb vorrangig durchgeführt werden müsste.

Eine entsprechende Wertung hängt davon ab, welche Konsequenzen das jeweilige Vorgehen nach sich ziehen würde:

Indem nach Beendigung eines Schiedsverfahrens die Schiedsabrede weiter fortbesteht, würde die Einleitung eines neuen Verfahrens lediglich eine erneute Schiedsklage und die Konstituierung eines neuen Schiedsgerichtes erfordern. Eine Aufhebung im Sinne des § 1059 ZPO würde hingegen zunächst ein Verfahren vor einem staatlichen Gericht erfordern. Soweit die Aufhebung erfolgreich wäre, hätte dies gem. § 1059 V ZPO zur Folge, dass die Schiedsvereinbarung weiterhin gültig ist. Abhängig vom Parteiwillen könnte dann ein neues Schiedsverfahren eingeleitet oder im Sinne des § 1059 IV ZPO auf das alte Verfahren zurückverwiesen werden.

Die Verfahrensintensität des Aufhebungsmechanismus wäre aufgrund des Erfordernisses der Einbindung staatlicher Gerichte somit höher als die der bloßen Einleitung eines neuen Schiedsverfahrens. Aufgrund dessen ist nicht davon auszugehen, dass die Ermöglichung der Aufhebung eines Beendigungsbeschlusses dazu führen würde, dass dieses Verfahren vor der Einleitung eines neuen Verfahrens vorrangig durchgeführt werden müsste. Das wäre kein milderes Mittel.

cc) Nacheinander von altem und neuem Verfahren

Das beendete Verfahren stellt also keine, wie auch immer zu definierende, Sperre in Bezug auf ein neues Verfahren dar, beide Möglichkeiten stehen vielmehr parallel zueinander und sind unabhängig voneinander durchführbar.

Im Ergebnis ist die Einleitung eines neuen Verfahrens über den gleichen Streitgegenstand damit auch möglich, wenn das alte Verfahren durch einen Beendigungsverfahren abgeschlossen wurde, weil ein solcher Beschluss keine Entscheidung in der Sache umfasst. Diese Situation entspricht der Rücknahme einer Klage im Zivilprozess, die den Kläger auch nicht daran hindert, ein neues Verfahren einzuleiten.

3. Aufhebung eines Beendigungsbeschlusses bei Geltendmachung von Mängeln im Rahmen des Vergleiches

Es soll untersucht werden, ob die Wirkungen des Beendigungsbeschlusses dennoch wieder beseitigt werden können, wenn der Vergleich, auf dessen Grundlage der Beschluss erlassen wurde, fehlerhaft oder unwirksam ist.

Wie vorangehend dargestellt, steht ein Beendigungsbeschluss der Einleitung eines neuen Schiedsverfahrens grundsätzlich nicht entgegen. Daher könnte bereits zweifelhaft sein, ob die Aufhebung eines solchen überhaupt erforderlich ist und welchem Zwecke sie dienen könnte.

Da das Schiedsverfahren jedoch eine Streitbeilegungsform ist, bei welcher die Privatautonomie und die Gestaltungsfreiheit der Parteien von überragender Bedeutung sind, muss es Mechanismen ermöglichen, die den Interessen der Parteien bestmöglich gerecht werden. Vor diesem Hintergrund sollte eine möglichst freie Verfahrensgestaltung und damit einhergehend auch grundsätzlich die Annahme einer Aufhebungsmöglichkeit bejahrt werden.

Die Aufhebung eines Beendigungsbeschlusses und in deren Folge die Weiterführung des begonnen Verfahrens können von besonderem Interesse für die Parteien sein. Das bereits geführte Verfahren wird oftmals mit einer nicht unerheblichen Zeit- und Kosteninvestition verbunden gewesen sein, welche verloren wäre, wenn dieses nicht fortgeführt würde.

Zu erwähnen ist in diesem Zusammenhang beispielsweise, dass im Einzelfall bereits umfassende Beweisaufnahmen stattgefunden haben können, die in der Form schriftlicher Sachverständigengutachten oder protokollierter Zeugenaussagen noch vorliegen.

a) Aufhebung durch Wiederaufnahme des Verfahrens

Im Gegensatz zu einer Beendigung des Verfahrens durch Schiedsspruch ist bei einem Beendigungsbeschluss mit Zustimmung der Parteien und der Mitglieder des Schiedsgerichtes die Wiederaufnahme des Verfahrens möglich, die sich zugleich als Aufhebung des Beendigungsbeschlusses darstellte.

Eine umfassende Zustimmung wird dadurch erforderlich, dass das Verfahren beendet und damit auch das Amt der Schiedsrichter abgeschlossen wurde.[275]

275 *Gerstenmaier*, Beendigung des Schiedsverfahrens durch Beschluss nach § 1056 ZPO, SchiedsVZ 2010, S. 281 (282).

Fraglich ist jedoch, inwieweit sich eine übereinstimmende Zustimmung "erzwingen" lässt.

Es ist zu prüfen, ob eine entsprechende Ablehnung des Antragsgegners hingenommen werden muss oder ob dieser, etwa nach den Grundsätzen von Treu und Glauben und nach vertraglichen Rücksichtnahme- und Kooperationspflichten, zumindest im Einzelfall seine Zustimmung geben muss. Was die Schiedsrichter anbetrifft, ist zu erwägen, ob sich deren Zustimmung aus dem (ursprünglichen) Schiedsrichtervertrag herleiten lässt oder ob es zumindest empfehlenswert ist, die Schiedsrichter in dem Vertrag durch eine entsprechende Wiederaufnahmeklausel zu binden.

aa) Zustimmung des Schiedsgerichtes zu einer Wiederaufnahme

Zu untersuchen ist, ob ein einseitiges Parteigesuch gegenüber dem Schiedsgericht eine Wiederaufnahme des Verfahrens bewirken kann. Eine Verpflichtung der Schiedsrichter zur Verfahrensfortführung könnte sich aus dem ursprünglichen Schiedsrichtervertrag herleiten lassen. Der Schiedsrichtervertrag überträgt den Schiedsrichtern die Aufgabe, einen zwischen den Parteien bestehenden Streitgegenstand zu lösen und eine Entscheidung zu treffen.

Man könnte mithin argumentieren, dass diese Aufgabe erst erfüllt ist, wenn eine abschließende Regelung in Bezug auf diesen Streitgegenstand getroffen wurde. Auch wenn aufgrund des Vergleiches der Anschein einer Konfliktlösung vorhanden war, müsste das Schiedsgericht bei dieser Sichtweise weiter tätig bleiben, wenn der Streit über denselben Streitgegenstand erneut zum Tragen käme, weil seine Verpflichtung bis zur endgültigen Klärung des Streites noch bestünde.

Eine solche Wertung stünde jedoch im Gegensatz zu § 1056 III ZPO, welcher die grundsätzliche Beendigung des Schiedsrichteramtes beim Abschluss des schiedsgerichtlichen Verfahrens statuiert. Die von beiden Parteien veranlasste Einsetzung des Schiedsgerichtes endet damit grundsätzlich zu diesem Zeitpunkt. Ausnahmen sind für Fälle zugelassen, in welchen eine Korrektur des Schiedsspruches vorzunehmen ist oder die Entscheidung des Schiedsgerichtes aufgehoben wurde. In solchen Fällen kann das Schiedsgericht verpflichtet sein, seine Tätigkeit wieder aufzunehmen. Andernfalls scheidet eine einseitige Wiedereinsetzung des Schiedsgerichtes zur Verfahrensfortsetzung aber aus.

Abweichend ließe sich diese Problematik unter Umständen durch eine entsprechende Wiederaufnahmeklausel im Schiedsrichtervertrag lösen, die eine Verpflichtung zur Wiederaufnahme auch bei einseitigem Parteigesuch zuließe. Eine solche Maßnahme kann jedoch lediglich präventiv in Betracht gezogen werden; im Falle eines bereits eingetretenen Streites bietet sie keine Anhaltspunkte.

bb) Verpflichtung der Parteien, einem Wiederaufnahmegesuch zu entsprechen

Die Wiederaufnahme des Schiedsgerichtes wäre aber, unabhängig von einer vorherigen Aufhebung des Beendigungsbeschlusses, möglich, soweit alle am Ursprungsverfahren Beteiligten dieser zustimmen würden.

Die Weiterführung eines Schiedsverfahrens stellt regelmäßig nur dann ein Problem dar, wenn sie nicht von allen Beteiligten befürwortet wird.

Das Schiedsverfahren als alternativer Streitbeilegungsmechanismus soll sich unter anderem dadurch auszeichnen, dass sich die Parteien in einem "freundschaftlicheren" Verhältnis gegenüberstehen. Gerade bei Schiedsverfahren stellt sich daher die Frage, ob die Parteien einer gewissen Rücksichtnahme- oder Kooperationspflicht unterliegen, welche ihnen unter Umständen in solchen Situationen auch eine Zustimmung abverlangen könnte.

Es könnte einen Parallele zwischen den Parteien eines Schiedsverfahrens und solchen eines Schuldverhältnisses gezogen werden. Im Rahmen des Bürgerlichen Gesetzbuches ergeben sich nach § 241 II BGB aus der Begründung eines Schuldverhältnisses nicht nur Leistungs-, sondern auch Rücksichtnahmepflichten der Parteien untereinander. Zwischen den Parteien besteht eine durch Treu und Glauben geprägte Sonderverbindung, nach welcher die Parteien verpflichtet sind, die Rechte und sonstigen Rechtsgüter der gegnerischen Partei zu schützen.[276]

Die Ausgestaltung der konkreten Pflichten ist einzelfallabhängig und beruht auf der Auslegung des jeweiligen Vertrages nach §§ 157, 242 BGB; in der Regel lassen sich Schutz- bzw. Informations- oder Aufsichtspflichten feststellen.[277] Diese Pflichten konkretisieren vornehmlich Nebenpflichten zu den Leistungspflichten, welche Gegenstand des Schuldverhältnisses sind. Auch das Verfahrensrecht wird jedoch durch die Grundsätze von Treu und Glauben geprägt.[278]

Es überzeugt jedoch nicht, auf der Grundlage einer Kooperationspflicht eine Mitwirkungspflicht hinsichtlich eines streitigen Verfahrens zu begründen. Auch der bei Schiedsgerichtsverfahren im Vordergrund stehende konsensuale Charakter kann nicht dazu führen, dass eine Partei zur Vornahme von ihr unliebsamen Prozesshandlungen verpflichtet wird. Dies ginge über eine bloße Kooperation

---

276 *Grüneberg*, in: Palandt, BGB, § 241 Rn. 6.
277 *Westermann*, in: Erman BGB, § 241 Rn. 10.
278 *Böttcher*, in: Erman BGB, § 242 Rn. 199.

hinaus und griffe zu sehr in die Privatautonomie der zur „Kooperation" verpflichteten Partei ein.

cc) Resümee

Zusammenfassend lässt sich eine Verpflichtung zur Wiederaufnahme des Verfahrens bei keiner der am Verfahren beteiligten Personenkreise nachweisen. Weder für das Schiedsgericht noch für die Parteien bestehen tragfähige gesetzliche Pflichten, die diese, über die unter Umständen geltenden vertraglichen Rücksichtnahmepflichten hinaus, zur Vornahme bestimmter prozessualer Schritte zwingen können.

Soweit eine Partei oder ein Mitglied des Schiedsgerichtes die Weiterführung eines beendeten Verfahrens ablehnt, ist dessen zwingend konsensuale Wiederaufnahme nicht möglich und damit bleibt es bei der Frage, ob außerhalb übereinstimmender Willenserklärungen ein Beendigungsbeschluss aufgehoben werden kann.

b) Aufhebung durch einen Willensakt des Schiedsgerichtes

Eine weitere Erwägung wäre, ob es dem Schiedsgericht möglich ist, den erlassenen Beschluss von sich aus wieder aufzuheben.

Auch dagegen könnte sprechen, dass das Amt der Schiedsrichter gem. § 1056 III ZPO mit Erlass des Beendigungsbeschlusses endet. Andererseits schließt diese Bestimmung es nicht zwingend aus, dem Schiedsgericht die Möglichkeit zu eröffnen, eine falsche Verfahrensbeendigungsentscheidung aufzuheben oder sie zu korrigieren.[279]

Hiergegen ist einzuwenden, dass ein von ihm erlassener Beendigungsbeschluss das Schiedsgericht binden muss. Es kann nur noch der Disposition der Parteien oder einer Partei unterliegen, gegen die Beendigungswirkung vorzugehen. Das Verfahren kann ohne die Zustimmung der Parteien nicht wieder aufgerollt werden.[280] Der Beendigungsbeschluss führt zwar nicht in der materiellen Streitsache, aber hinsichtlich der Verfahrensbeendigung zu Rechtssicherheit. Es löste eine erhebliche Rechtsunsicherheit aus, wollte man dem Schiedsgericht die Möglichkeit einräumen die Beendigungsentscheidung rückgängig zu machen.

---

279 *Lachmann*, Handbuch für die Schiedsgerichtspraxis, Rn. 1866.

280 *Gerstenmeier*, Beendigung des Schiedsverfahrens durch Beschluss nach § 1056 ZPO, SchiedsVZ 2010, S. 281 (282).

Das Schiedsverfahren wird von dem Gedanken der Privatautonomie der Parteien geprägt. Diese führt zwar zu einem breiten Handlungsmaßstab für die Parteien, der jedoch nicht für das Schiedsgericht gilt, vor allem nicht gegen den Willen mindestens einer Partei. Das Schiedsgericht ist an seine Entscheidung gebunden; eine autonome, einseitige Aufhebungsmöglichkeit obliegt ihm nicht.

Ein Handlungsspielraum könnte sich weiterhin noch aus § 1058 ZPO ableiten lassen. Nach dieser Vorschrift ist es dem Schiedsgericht möglich, einen Schiedsspruch zu berichtigen, auszulegen oder ihn zu ergänzen. § 1058 I ZPO setzt einen Antrag der Parteien voraus, wenn es um die Auslegung bestimmter Teile des Schiedsspruches geht (§ 1058 I 2 ZPO) oder um die Ergänzung des Schiedsspruches in Bezug auf irrtümlich nicht behandelte Ansprüche (§ 1058 I 3 ZPO). Auf Antrag aber auch von sich aus kann das Schiedsgericht Rechen-, Schreib- und Druckfehler oder Fehler sonstiger Art berichtigen (§ 1058 I 1 und IV ZPO).

Fraglich ist jedoch, ob die Aufhebung eines Beendigungsbeschlusses überhaupt von dieser Norm umfasst ist. Ihrem Wortlaut nach ist die Vorschrift nur auf Schiedssprüche anwendbar,[281] jedoch ließe sich dieser Aspekt mittels eines weiten Verständnisses des Begriffs Schiedsspruch unter Umständen auch auf den Beendigungsbeschluss ausdehnen.

Grundsätzlich ist jedoch zu beachten, dass der Anwendungsfall des § 1058 ZPO nicht darin besteht, eine getroffene Entscheidung inhaltlich zu ändern. Sinn dieser Vorschrift ist es nicht, es dem Schiedsgericht zu ermöglichen, den Schiedsspruch nach seinem Erlass wieder zu ändern, sondern klarzustellen, dass sein Schiedsspruch das Gericht im Übrigen auch selbst bindet.[282] Die in § 1058 ZPO geregelten Einschränkungen belegen, dass es sich um eine Ausnahmebestimmung handelt. Da die Fehlerhaftigkeit des Beendigungsbeschlusses nicht unter die von § 1058 ZPO normierten Fälle passt, scheitert eine einseitige Aufhebung durch das Schiedsgericht auch insofern. Im Übrigen verlangt man für die Anwendung des § 1058 ZPO beim Schiedsspruch mit vereinbarten Wortlaut nach § 1053 I ZPO die Zustimmung der Parteien.[283]

Mithin ist davon auszugehen, dass das Schiedsgericht nicht befähigt ist, einen Schiedsspruch einseitig durch eigenen Willensakt aufzuheben. Für den Beendigungsbeschluss kann nichts anderes gelten.

---

281 *Haas*, in: Festschrift Fischer, S. 59 (61).

282 *Schlosser*, in: Stein/Jonas, ZPO, § 1058 Rn. 2.

283 *Baumbach/ Lauterbach/ Albers/ Hartmann*, ZPO, § 1058 Rn. 2.

c) Anwendbarkeit der Aufhebungsklage des § 1059 ZPO

Die Problematik konzentriert sich daher auf die Fragestellung, ob auch ein Beendigungsbeschluss durch eine Aufhebungsklage gemäß § 1059 ZPO aufgehoben werden kann, wie es allgemein für den Schiedsspruch mit vereinbartem Wortlaut möglich sein soll.[284]

In diesem Fall könnten die Parteien auch einseitig die Aufhebung eines Beendigungsbeschlusses erwirken.

Auch wenn dieser Ansatz in der Literatur bisher auf Widerspruch stößt,[285] könnte die Anwendbarkeit der Aufhebungsklage ein geeignetes Mittel darstellen, den Parteien des Schiedsverfahrens die zeit- und kosteneffektive Fortsetzung des vorangegangenen Verfahrens zu ermöglichen und dessen bis zum Beendigungsbeschluss erzielte Ergebnisse fruchtbar zu machen. Außerdem ist eine Aufhebung unter Umständen auch aus rechtsstaatlicher Sicht geboten, um den Parteien ein Recht auf ausreichenden gerichtlichen Rechtsschutz zu gewährleisten.

Zur Anwendung der Regelungen aus § 1059 ZPO auf den Beendigungsbeschluss gibt es, soweit ersichtlich, kaum einschlägige Rechtsprechung und nur wenige Äußerungen in der Literatur.

Die folgende Untersuchung beschäftigt sich intensiv mit den Argumenten von *Haas* und *Schütze*, welche die vorliegende Problematik besonders umfassend überprüft und erörtert haben. Dabei spricht sich *Haas* gegen die Anwendung und *Schütze* für die Anwendung des § 1059 ZPO aus.

Haas kommt zusammenfassend zu folgenden Ergebnissen:[286]

§ 1056 ZPO regele nicht unmittelbar, dass der Beendigungsbeschluss nach § 1056 II ZPO der Aufhebung nach § 1059 ZPO unterliege.

Die Aufhebungsklage nach § 1059 ZPO sei aber auch nicht mit der Begründung zu verneinen, der Beendigungsbeschluss nach § 1056 II ZPO sei kein Schiedsspruch (den § 1025 ff. ZPO liege kein einheitlicher Begriff des Schiedsspruches zugrunde, es ergäbe durchaus Sinn, bei uneinheitlicher Verwendung des Begriffes den Beschluss nach § 1056 II ZPO in den Anwendungsbereich des § 1054 ZPO einzubeziehen).

Wie ein Blick auf die verneinte Aufhebung von Zwischenschiedssprüchen zeige, ergäbe die Einordnung eines Beschlusses im Sinne des § 1056 II ZPO als

---

284 Vgl. dazu IV 4 b).

285 *Voit*, in: Musielak/Voit, ZPO, § 1053 Rn. 16; *Lachmann*, Handbuch für die Schiedsgerichtspraxis, Rn. 1867 ff.

286 *Haas*, Aufhebungsklage und Beendigungsbeschluss nach § 1056 Abs. 2 ZPO, SchiedsVZ 2010, S. 286 (295).

Schiedsspruch aber nicht allein die Anwendbarkeit des § 1059 ZPO. Weder das Leitbild dieser Bestimmung noch prozessökonomische Gründe ergäben eine Anwendung des § 1059 ZPO. Diese sei auch nicht aus dem Gebot des staatlichen Rechtschutzes abzuleiten, weil die von einem Beendigungsbeschluss ausgehenden negativen Folgen nicht unzumutbar seien.

Haas[287] führt aus, gegen eine Anfechtbarkeit des Beschlusses nach § 1056 II ZPO werde vor allem geltend gemacht, dass es sich bei diesem nicht um einen normalen Schiedsspruch, zumindest aber nicht um einen der Aufhebung nach § 1059 ZPO fähigen Schiedsspruch handle. Manchmal werde auch ergänzend darauf hingewiesen, dass für eine Aufhebung des Beschlusses kein Bedürfnis bestehe. Das allerdings würde wiederum mit dem Hinweis bestritten, dass die fehlerhafte Verfahrensbeendigung nach § 1056 II ZPO den Schiedskläger erheblich belaste und daher mit Blick auf Art. 19 IV GG und Art. 6 EMRK gegen den Beschluss eine Rechtschutzmöglichkeit gegeben sein müsse.

Gegen die Argumente für die Aufhebbarkeit eines Beendigungsbeschlusses wendet sich Haas mit folgenden Anmerkungen.

Das Problem, dass eine fehlerhafte Verfahrensbeendigung nach § 1056 II ZPO die materiell-rechtliche Durchsetzung des Anspruches unmöglich machen könne, bestehe tatsächlich nicht, weil § 204 II BGB entsprechend anzuwenden sei. § 204 II ZPO regele aber auch nur eine Nachfrist in Bezug auf das Ende der Verjährungshemmung, die bereits abgelaufen sein könnte, wenn das Problem auftritt.

Gegen die Notwendigkeit einer Aufhebung wendet *Haas* die analoge Anwendung des §204 II ZPO auf parteivereinbarte materiell-rechtliche Ausschlussfristen oder gesellschaftsrechtliche Fristen ein. Er verweist hierzu auf das schweizerische Recht und auf eine in der deutschen Rechtsprechung erkennbare gewisse Tendenz.[288]

Schütze, führt dagegen folgende Argumente an:

§ 1053 I 1 ZPO sähe für den Fall des Abschlusses eines Vergleiches im Schiedsverfahren die Beendigung des Verfahrens durch das Schiedsgericht vor.[289] Diese Norm habe neben § 1056 ZPO aber keine selbständige Bedeutung; für das von

287 *Haas*, Aufhebungsklage und Beendigungsbeschluss nach § 1056 Abs. 2 ZPO SchiedsVZ 2010, S. 286 (287).

288 *Haas*, Aufhebungsklage und Beendigungsbeschluss nach § 1056 Abs. 2 ZPO SchiedsVZ 2010, S. 286 (294).

289 *Schütze*, Die gerichtliche Überprüfung von Entscheidungen des Schiedsgerichts SchiedsVZ 2009, S. 241 (247), mit Verweis auf OLG Köln, Beschl. v. 26.11.2002 – 9 Sch 20/02.

Münch als dunkel apostrophierte Verhältnis von § 1053 zu § 1056 gelte, dass § 1056 ZPO eine abschließende Regelung enthalte und deshalb auch die Art der Entscheidung des Schiedsgerichtes, nämlich den Erlass eines Beschlusses, im Gegensatz zu § 1053 ZPO regele.

Überdies wäre die Regelung des § 1056 II 2 ZPO weitgehend bedeutungslos, wenn der Vergleichsabschluss allein, hierum handele es sich zumeist bei der Einigung der Parteien, Beendigungsgrund des Schiedsverfahrens wäre. Das Schiedsgericht könne nicht von sich aus entscheiden, ob ein Vergleich vorliege, der den gesamten Streitstoff abdecke. Es seien die Parteien, die nach § 1056 II 2 ZPO gemeinsam die Einigung und Beendigung des Verfahrens erklären müssten. Das gelte umso mehr, wenn sie keinen Schiedsspruch mit vereinbartem Wortlaut wollten und damit zum Ausdruck brächten, dass sie diese eindeutige Art der Beendigung ihrer Streitigkeit gerade nicht wählen wollten.

Schütze verweist auf eine Entscheidung des *Oberlandesgerichtes Köln*, welches in einer von ihm als dunkel bezeichneten Entscheidung einen verfahrensbeendenden Beschluss zusammen mit der Kostenentscheidung im Verfahren nach § 1059 ZPO aufgehoben habe.

Die Ansicht *Lachmanns*, so heißt es bei *Schütze* weiter, die Auswirkungen der Nichtanwendbarkeit eines Beendigungsbeschlusses hielten sich in Grenzen, weil die Parteien die Möglichkeit hätten, den Rechtsstreit von einem anderen Schiedsgericht fortzuführen, verkenne die einschneidenden Folgen der Verfahrensbeendigung, das neue Schiedsverfahren sei nicht geeignet, eine zwischenzeitlich eingetretene Verjährung oder Verfristung bei gewissen gesellschaftsrechtlichen Klagen zu heilen.

Auch aus der Sicht von Art. 19 IV GG und Art. 6 EMRK müssten alle schiedsgerichtlichen Entscheidungen, die über eine bloße prozessleitende Entscheidung hinausgingen, gerichtlich überprüfbar sein. Weil das Gesetz kein besonderes Verfahren für die Anfechtung verfahrensbeendender Beschlüsse zur Verfügung stelle, biete sich eine Anwendung des § 1059 ZPO an, was auch der Regelung in § 1056 III ZPO entspreche, die solches voraussetze.

Trotz teils ähnlicher Anknüpfungspunkte kommt *Schütze* damit zu dem gegenteiligen Ergebnis, dass der Beendigungsbeschluss nach § 1059 ZPO aufhebbar sei.

Ausgehend von diesen Erwägungen bedarf es einer tieferen Untersuchung der Fragestellung nach der Aufhebbarkeit des Beendigungsbeschlusses.

aa) Der Beendigungsbeschluss als „Schiedsspruch" iSd. § 1059 ZPO

Nach dem Wortlaut des § 1059 ZPO ist die Aufhebungsklage nur auf Schiedssprüche anwendbar. Eine einheitliche Definition des Begriffs Schiedsspruch wird in der ZPO jedoch nicht normiert. Auch wenn durch § 1056 ZPO grundsätzlich eine Unterscheidung zwischen Schiedssprüchen und Beschlüssen aufgezeigt wird, erscheint es deshalb möglich, dass die Abgrenzung nicht starr erfolgen muss, sondern vielmehr eine flexible Einordnung der Entscheidungen des Schiedsgerichtes geboten erscheint.

Insbesondere weil keine eindeutige Definition des Begriffs Schiedsspruch entwickelt wurde, ist daher zu erwägen, ob der Begriff des Schiedsspruches normenspezifisch ausgelegt werden sollte, um den Anwendungsbereich einer Norm interessengerecht auslegen zu können. Gerade im Rahmen des Schiedsverfahrensrechts, welches in besonderem Maße von der Parteiautonomie bestimmt ist, erscheint dies möglich.

(1) Der Begriff des Schiedsspruches

Zunächst sollen deshalb die grundsätzlich an einen Schiedsspruch gestellten Anforderungen beleuchtet werden, bevor eine Auseinandersetzung des Ansatzes einer normenspezifischen Auslegung erfolgt.

(a) Einheitlich zu beachtende Anforderungen

Die formellen Voraussetzungen eines Schiedsspruches bestimmt § 1054 ZPO; materielle Voraussetzungen werden hingegen an keiner Stelle des Gesetzestextes genannt. Die Bestimmung dieser ist aber jedenfalls unter Heranziehung der §§ 1025 ff. ZPO vorzunehmen.

Ein Schiedsspruch stellt die Entscheidung des Schiedsgerichtes dar und ist jedenfalls von seinem Tätigwerden abhängig. Das Schiedsgericht beurteilt die Umstände einer Streitigkeit und formuliert seine Beurteilung in Form eines Schiedsspruches, soweit das Verfahren mittels eines vollstreckbaren Titels beendet werden soll.

Darüber hinaus ist es jedoch schwer, feste Kriterien und Anforderungen zu definieren.

Auf eine ausdrückliche Bezeichnung als Schiedsspruch kommt es jedenfalls nicht an,[290] so dass grundsätzlich auch eine als Beendigungsbeschluss deklarierte Entscheidung als Schiedsspruch anzusehen sein könnte. Insgesamt ist

---

290 BGH NJW 2002, 3031.

zwar davon auszugehen, dass zwischen Schiedssprüchen und prozessleitenden Verfügungen streng zu unterscheiden ist,[291] fraglich ist jedoch, wo der Beendigungsbeschluss in diesem Zusammenhang einzuordnen ist.

Prozessleitende Verfügungen kennzeichnet, *„dass sie im Grundsatz vom Schiedsgericht jederzeit abgeändert werden können, ihnen also keinerlei Bindungswirkungen für den Verfahrensverlauf zukommt.“*[292] Bei einem Schiedsspruch kommt es hingegen jedenfalls darauf an, dass eine endgültige Entscheidung des Schiedsgerichtes in Bezug auf einen Streitgegenstand getroffen wird.[293]

Ein Beendigungsbeschluss lässt sich keiner dieser Umschreibungen klar zuordnen. Einerseits besteht eine Bindungswirkung auf den Verfahrensverlauf, weil das Verfahren durch den Beendigungsbeschluss abgeschlossen wird. Andererseits trifft das Schiedsgericht selbst durch einen Beendigungsbeschluss keine Entscheidung über den Streitgegenstand, sondern beendet das Verfahren lediglich aufgrund des übereinstimmenden Willens der Parteien, welche darüber hinaus unabhängig vom Schiedsgericht eine Einigung über den Streitgegenstand getroffen haben.

Mithin ist eine einfache Zuordnung unter einen engen Begriff des Schiedsspruches nicht möglich.

(b) Normenspezifische Bestimmung

Aufgrund des Fehlens einer eindeutigen Definition des Schiedsspruches wird teilweise gefragt, ob es überhaupt einen einheitlichen Begriff des Schiedsspruches gibt oder ob vielmehr im Lichte jeder Norm bestimmt werden sollte, welche Forderungen sie an das Vorliegen eines solchen stellt.[294]

---

291 *Von Schlabrendorff/Sessler*, in: Böckstiegel/Kröll/Nacimiento, Arbitration in Germany, § 1054 Rn. 4.

292 *Haas*, Aufhebungsklage und Beendigungsbeschluss nach § 1056 Abs. 2 ZPO, SchiedsVZ 2010, S. 286 (289).

293 *Schroeder*, Zur Aufhebung von Scheinschiedssprüchen und anderen formellen Schiedssprüchen durch staatliche Gerichte – Ein Beitrag zur Auslegung des Begriffs „Schiedsspruch“ in § 1059 ZPO, SchiedsVZ 2005, S. 244 (246); auch *Kremer/Weimann* weisen darauf hin, dass es jedenfalls auf eine „abschließende Entscheidung“ ankommt, in: *Kremer/Weimann*, Die Aufhebbarkeit von Schiedssprüchen, insbesondere Zwischen- oder Teilschiedssprüchen und den Auslegungsgrund – Widerspruch zu Prinzipien der Prozessökonomie?, SchiedsVZ 2007, S. 238 (239).

294 *Haas*, Aufhebungsklage und Beendigungsbeschluss nach § 1056 Abs. 2 ZPO, SchiedsVZ 2010, S. 286 (289).

Es ist zunächst zu prüfen, ob eine Zuordnung des Beendigungsbeschlusses unter den Begriff des Schiedsspruches im Rahmen des Aufhebungsverfahrens zumindest dann möglich erscheint, wenn dieser weit und offen verstanden wird.

Der Regelungsinhalt des § 1059 ZPO umfasst die Aufhebung einer schiedsrichterlichen Entscheidung für den Fall, dass der Schiedsspruch eine fehlerhafte Entscheidung darstellt. Versteht man § 1059 ZPO dahin, dass es sich um eine Grundnorm zur Korrektur schiedsrichterlicher Entscheidungen durch das ordentliche Gericht handelt, ist die Anwendung dieser Bestimmung auf den Beendigungsbeschluss jedenfalls nicht von vorne herein ausgeschlossen.

(2) Parallele Wertung der Behandlung von Scheinschiedssprüchen

Darüber hinaus könnten auch die Grundsätze über die Aufhebbarkeit von Scheinschiedssprüchen auf Beendigungsbeschlüsse anwendbar sein. Bei Scheinschiedssprüchen handelt es sich um Entscheidungen, die zwar ihrer äußeren Bezeichnung nach als Schiedsspruch ausgewiesen sind, die aber materiell nicht die Anforderungen eines solchen erfüllen.

Obwohl sie den Rechtsschein eines Schiedsspruches hervorrufen, kommt den Scheinschiedssprüchen keine unmittelbare Rechtswirkung zwischen den Parteien zu und auch eine Vollstreckung aus ihnen ist nicht möglich. Auch wenn kein wirksamer Schiedsspruch vorliegt, ist zu befürchten, dass ein Scheinschiedsspruch aufgrund des Rechtsscheins zur Grundlage eines Vollstreckungsverfahrens gemacht wird.[295] In einem solchen Fall besteht ein Interesse der durch den Scheinschiedsspruch belasteten Partei an dessen Aufhebung.[296] Auch im Sinne der allgemein erstrebenswerten Rechtsklarheit und Rechtssicherheit ist die Beseitigung solcher Entscheidungen zu begrüßen.[297] In diesem Fall führt das Aufhebungsverfahren jedoch nicht zu einer deklaratorischen Entscheidung, sondern die Nichtigkeit des Schiedsspruches wird konstitutiv festgestellt.[298]

Eine solche Problematik stellt sich nicht nur bei Scheinschiedssprüchen, sondern auch bei sonstigen unwirksamen bzw. nichtigen Schiedssprüchen. Es wird versucht, dieser mit einem formellen Verständnis des Begriffs Schiedsspruch

---

295 *Schroeder*, Zur Aufhebung von Scheinschiedssprüchen und anderen formellen Schiedssprüchen durch staatliche Gerichte – Ein Beitrag zur Auslegung des Begriffs „Schiedsspruch" in § 1059 ZPO, SchiedsVZ 2005, S. 244 (246).

296 OLG Frankfurt, OLG-Report 2001, 302, 306.

297 *Schütze*, in: Wieczorek/Schütze, ZPO, § 1059 Rn. 15; *Geimer*, in: Zöller, ZPO, § 1059 Rn. 16.

298 *Voit*, in: Musielak/Voit, ZPO, § 1059, Rn. 5 a.E.; *Geimer*, in: Zöller, ZPO, § 1059 Rn. 16.

abzuhelfen. Dabei wird die formelle Einordnung als Schiedsspruch durch das Schiedsgericht von den staatlichen Gerichten übernommen und diese wenden die auf Schiedssprüche anwendbaren Vorschriften an, ohne deren materielle Voraussetzungen zu prüfen.[299]

Nach einem solchen Verständnis ist die Aufhebungsklage auch auf Scheinschiedssprüche und somit auf Entscheidungen, die keine Schiedssprüche darstellen, anwendbar. Es ist fraglich, ob sich eine Parallele zur Aufhebung von Beendigungsbeschlüssen aufzeigen lässt.

Die Aufhebbarkeit eines Scheinschiedsspruches wird im Sinne des formellen Verständnisses vor allem damit begründet, dass es sich bei einem solchen um eine Maßnahme handelt, von welcher der Rechtsschein eines wirksamen Schiedsspruches ausgeht. Das ist bei einem Beendigungsbeschluss, der gerade anstelle eines Schiedsspruches erlassen wurde, jedoch nicht der Fall.

Deshalb ist ein Vergleich zwischen der Behandlung von Scheinschiedssprüchen und Beendigungsbeschlüssen problematisch. Immerhin ergibt die Rechtslage zum Scheinschiedsspruch die auch für den Beendigungsbeschluss relevante Tendenz, belastende Entscheidungen, auch wenn sie keine Schiedssprüche im eigentlichen Sinne sind, aufzuheben.

(3) Auslegung der §§ 1056 und 1059 ZPO

Unter Hinzuziehung des Ansatzes, dass der Begriff des Schiedsspruches im Kontext der jeweils einschlägigen Norm bestimmt werden sollte, soll im Folgenden eine Untersuchung der relevanten Normen, nämlich des Beendigungsbeschlüsse normierenden § 1056 ZPO und des die Aufhebungsklage statuierenden § 1059 ZPO, durchgeführt werden.

Bei schiedsrichterlichen Entscheidungen in Bezug auf prozessuale Fragen wird zwischen Beschlüssen und Schiedssprüchen differenziert. Der Wortlaut des § 1056 ZPO trifft diese Differenzierung ausdrücklich. Daraus könnte man folgern, dass eine Aufhebungsklage gerade nicht auf Beschlüsse anwendbar ist, da § 1059 ZPO seinem Wortlaut nach nur Schiedssprüche umfasst. Ein solcher Ausschluss lässt sich aber wohl nicht allein aus der Terminologie folgern.[300] Und so wird gleichsam auch ausdrücklich festgestellt, dass der Begriff

---

299 *Schroeder*, Zur Aufhebung von Scheinschiedssprüchen und anderen formellen Schiedssprüchen durch staatliche Gerichte – Ein Beitrag zur Auslegung des Begriffs „Schiedsspruch“ in § 1059 ZPO SchiedsVZ 2005, S. 244 (249).

300 *Haas*, Aufhebungsklage und Beendigungsbeschluss nach § 1056 Abs. 2 ZPO, SchiedsVZ 2010, S. 286 (287).

des Schiedsspruches grundsätzlich als weit auslegbarer Begriff gilt, sodass eine Subsumtion des Beendigungsbeschlusses unter diesen möglich erscheint.[301]

Die Systematik des § 1059 ZPO spricht gegen eine zu enge Auslegung des Anwendungsbereiches der Norm. Da § 1059 I 2 a) ZPO die Aufhebung einer Entscheidung ermöglicht, die durch ein nicht entscheidungsbefugtes Schiedsgericht getroffen wurde, kann diese Norm möglicherweise auch auf die Aufhebung einer Entscheidung angewandt werden, die nicht zwingend unter die Begrifflichkeit eines wirksamen Schiedsspruches fällt.[302] Eine Einschränkung dieser Überlegung lässt sich jedenfalls wohl nicht allein mit § 1054 ZPO begründen; dieser regelt lediglich formelle Voraussetzungen.

Die historische Auslegung der §§ 1025 ff. ZPO führt zu ihrer Grundlage, dem UNCITRAL Modellgesetz, zurück, sodass die Erwägungen, die bei der Verfassung des Modellgesetzes ausschlaggebend waren, auch auf die Normen der ZPO zu übertragen sein dürften. Sowohl die Arbeitsgruppe als auch die Kommission, welche an der Erstellung des Modellgesetzes arbeiteten, erkannten, dass eine Definition des Begriffs Schiedsspruch insbesondere auch für dessen Aufhebung von Bedeutung sein würde.[303] Die Kommission hat in diesem Zusammenhang sogar eine Definition des Schiedsspruches eigens für Art. 34 Modellgesetz vorgeschlagen: *„to allow recourse against any award deciding on the substance of the dispute*".[304] Aufgrund der Schwierigkeit, eine passende Formulierung zu finden und unter Hinzuziehung der Erkenntnis, dass auch das New Yorker Abkommen und viele nationale Gesetze keine Definition für den Begriff Schiedsspruch bestimmen, wurde dieses Vorhaben für Art. 34 Modellgesetz aber schließlich unterlassen.[305] Hiernach ist nach der historischen Auslegung davon auszugehen, dass jedenfalls keine ganz starre Grenze für den Anwendungsbereich des Art. 34 Modellgesetz und somit auch des § 1059 ZPO besteht.

Der Normzweck des § 1059 ZPO besteht in erster Linie darin, die durch den Schiedsspruch belastete Partei vor einer unberechtigten und willkürlichen

---

301 *Haas*, Aufhebungsklage und Beendigungsbeschluss nach § 1056 Abs. 2 ZPO, SchiedsVZ 2010, S. 286 (289).

302 *Schroeder*, Zur Aufhebung von Scheinschiedssprüchen und anderen formellen Schiedssprüchen durch staatliche Gerichte – Ein Beitrag zur Auslegung des Begriffs „Schiedsspruch" in § 1059 ZPO, SchiedsVZ 2005, S. 244 (247).

303 *Holtzmann/Neuhaus*, A guide to the UNCITRAL Model Law on International Commercial Arbitration: Legislative History and Commentary, S. 153.

304 Working Group Report A/CN.9/246, S. 31. Rn. 129.

305 *Holtzmann/Neuhaus*, A guide to the UNCITRAL Model Law on International Commercial Arbitration: Legislative History and Commentary, S. 154.

Inanspruchnahme durch den Gläubiger zu schützen.[306] Diese Schutzbedürftigkeit muss auch dann ausschlaggebend für eine Aufhebung sein, wenn *„nicht einmal ein materiell-rechtlich wirksamer Schiedsspruch vorliegt"*.[307] Insoweit wird ein weites Verständnis des Aufhebungsgegenstandes des § 1059 ZPO befürwortet.

(4) Ausblick auf internationale Rechtsordnungen

Es soll untersucht werden, ob sich die zuvor aufgezeigte Einschätzung, dass sich eine Tendenz dahingehend feststellen lässt, den Begriff des Schiedsspruches flexibel auszulegen und ihn gegebenenfalls eine Entscheidungsform entsprechend dem Beendigungsbeschluss umfassen zu lassen, auch im Rahmen einer internationalen Bewertung bestätigen lässt.

(a) Englisches Recht

Auch im Englischen Recht ist keine Definition des Begriffs Schiedsspruch getroffen worden; es habe sich aber ein gewisses Verständnis etabliert. Danach handle es sich bei einem Schiedsspruch um eine *„final determination of the issue or claim made by the tribunal in an arbitration"*.[308]

Daneben scheint auch der Erlass eines Beendigungsbeschlusses vorgesehen. Soweit die Parteien einen Vergleich schließen, *„beendet das Schiedsgericht das Verfahren"* (Beendigungsbeschluss); soweit die Parteien dies beantragen, erlässt das Schiedsgericht einen Schiedsspruch mit vereinbartem Wortlaut.[309]

Dass die Abgrenzung zwischen einem „award" und einer „order" problematisch ist, wird auch jedoch auch im englischen Recht diskutiert. So heißt es im *Redfern and Hunter*, dass eine Differenzierung jedenfalls nicht anhand der Benennung einer Entscheidung erfolgen könne. Ihre Einordnung im Einzelfall bestimme wiederum darüber, ob die Entscheidung einer Aufhebung und/oder einer Vollstreckbarkeitserklärung zugänglich sei.[310]

Aus dem englischen Recht lassen sich damit zwar keine Argumente für oder gegen die Einordnung eines Beendigungsbeschlusses als Schiedsspruch ableiten.

---

306 *Münch*, in Münchener Kommentar ZPO, § 1059, Rn. 1.

307 *Schroeder*, Zur Aufhebung von Scheinschiedssprüchen und anderen formellen Schiedssprüchen durch staatliche Gerichte – Ein Beitrag zur Auslegung des Begriffs „Schiedsspruch" in § 1059 ZPO, SchiedsVZ 2005, S. 244 (247).

308 *Marshall*, Gill: The Law of Arbitration, S. 53.

309 *Marshall*, Gill: The Law of Arbitration, S. 54.

310 *Blackaby/HunterPartasides/Redfern*, Redfern and Hunter on International Arbitration, S. 503.

Der Gedanke, dass die Grenze zwischen den Entscheidungsformen jedoch nicht strikt gezogen werden kann, sondern eine anderweitige Einordnung im Einzelfall in Betracht kommt, offenbaren ein flexibles Verständnis.

(b) Französisches Recht

Im französischen Recht ist der Begriff des Schiedsspruches ebenfalls nicht normiert worden.[311] In Betracht kommt insoweit aber eine Orientierung an der Rechtsprechung. Nach dem Cour d'appel Paris liegt ein Schiedsspruch vor, soweit das Schiedsgericht eine endgültige Entscheidung trifft, welche den Streitgegenstand ganz oder teilweise entscheidet, unabhängig davon, ob dabei über die materiellen Ansprüche, die Zuständigkeit des Schiedsgerichtes oder einen prozessualen Umstand entschieden wird.[312] Diese Begriffsbestimmung wird auch von der französischen Literatur herangezogen.[313]

Der Beendigungsbeschluss stellt eine prozessuale Entscheidung des Schiedsgerichtes dar. Seine Einordnung als Schiedsspruch ist auch unter französischem Recht nicht eindeutig.

Poudret/Besson stellen für Entscheidungen mit prozessualem Charakter den Begriff eines Prozessschiedsspruches dar, welcher vorliegen soll, soweit es sich um eine Entscheidung handelt, welche das Verfahren beendet, die Schiedsrichter, die sie erlassen haben bindet und von welcher ein res judicata-Effekt ausgeht. Dem gegenübergestellt, handle es sich bei einer Entscheidung um eine „procedural order", soweit sie Schwierigkeiten im Verlaufe eines Schiedsverfahrens betreffe, die sich jedoch auf die Art und Weise seines Fortganges und nicht seiner Existenz auswirkten, die keinen res judicata-Effekt aufwiesen und die nicht bindend für die Schiedsrichter wären.[314]

Ein Beendigungsbeschluss könnte einen Prozessschiedsspruch in diesem Sinne darstellen. Mit einem Beendigungsbeschluss endet das Verfahren und diese Entscheidung bindet die erlassenden Schiedsrichter. Andererseits könnte die Möglichkeit, ein neues Verfahren über denselben Streitgegenstand zu eröffnen, der Annahme eines res judicata-Effektes entgegenstehen. Ferner

---

311 *Delvolvé/Pointon/Rouche,* French Arbitration Law and Practice, S. 162 Rn. 300.

312 Cour d'appel Paris in der Sardisud Entscheidung vom 26.03.1994, Rev. Arb. 1994, S. 391.

313 *Fouchard/Gaillard/Goldman,* On International Commercial Arbitration, S. 736 Rn. 1353; *Delvolvé/Pointon/Rouche,* French Arbitration Law and Practice, S. 162 Rn. 302.

314 *Poudret/Besson*, Comparative Law of International Arbitration, S. 638 Rn. 728.

beschreiben *Poudret/Besson* jedoch, dass es sich bei einer Entscheidung nur um einen Beschluss handele, soweit diese sich inhaltlich eher auf die Führung des Verfahrens als auf sein Bestehen auswirke, die Schiedsrichter nicht an sie gebunden seien und sie jederzeit widerrufen oder berichtigt werden könne.[315]

Da die Kriterien fließend erscheinen, gibt es damit auch im französischen Recht keine Klarheit über die Einordnung eines Beendigungsbeschlusses, der einerseits nicht über eine res judicata-Wirkung verfügt, andererseits das Schiedsgericht jedoch bindet. Im Ergebnis erscheint die Bejahung der Einordnung eines Beendigungsbeschlusses als Prozessschiedsspruch im Sinne des französischen Rechts damit als naheliegender.

(c) Schweizerisches Recht

Der Schweizer Bundesgerichtshof hat einen Schiedsspruch auf der Grundlage des IPRG als Entscheidung, die auf der Grundlage einer Schiedsvereinbarung durch ein seitens der Parteien eingesetztes Tribunal getroffen wird und finanzielle Interessen betrifft sowie einen internationalen Kontext aufweist, definiert. Die Mindestanforderungen an das Verfahren und die Form der Schiedsentscheidung regelt Art. 198 IPRG, wonach der Entscheid nach dem Verfahren und in der Form ergeht, welche die Parteien vereinbart haben.

Neben der Entscheidungsform eines Schiedsspruches kennt auch das schweizerische Recht den Beschluss über die Einstellung des Schiedsverfahrens, nämlich den Abschreibungsbeschluss. Ein Abschreibungsbeschluss ergeht, soweit die Parteien nicht übereinstimmend den Erlass eines Schiedsspruches mit vereinbartem Wortlaut beantragen. Form, Inhalt und Eröffnung des Beschlusses richten sich nach dem anwendbaren Recht.[316] Anderenorts wird diese Entscheidungsvariante als Erledigungsbeschluss bezeichnet

(d) Schwedisches Recht

Der schwedische Arbitraton Act regelt in Art. 27 ausdrücklich die unter diesem vorhandenen Entscheidungsformen. Auch wenn sein Wortlaut ebenfalls keine konkrete Definitionen des Begriffs Schiedsspruch aufweist, werden grobe Einordnungen vorgegeben und eine besondere Differenzierung aufgezeigt.

Unterschieden wird zunächst zwischen Schiedssprüchen nach Art. 27 I 1 Swedish Arbitration Act, welche bei Entscheidung über die vorgelegten

---

315 *Poudret/Besson*, Comparative Law of International Arbitration, S. 638 Rn. 728.

316 *Berger/Kellerhals*, Internationale und interne Schiedsgerichtsbarkeit in der Schweiz, S. 505 Rn. 1430 f.

materiellen Ansprüche erlassen werden, und bloßen Beschlüssen nach Art. 27 III Swedish Arbitration Act, die ergehen, soweit „*andere Entscheidungen*“ getroffen werden. Darüber hinaus kann das Schiedsgericht nach Art. 27 I 2 Swedish Arbitration Act jedoch auch einen Schiedsspruch erlassen, wenn das Schiedsgericht das schiedsrichterliche Verfahren beendet, „*ohne über diese [vorgelegten] Fragen zu entscheiden*“.

Diese Regelung stellt eine Besonderheit dar, da mithin auch solche Entscheidungen, welche keinen materiell-rechtlichen Charakter haben, als Schiedsspruch erlassen werden können. Eine genaue Abgrenzung zu den nach Art. 27 III Swedish Arbitration Act ergehenden Beschlüssen ist jedoch zwingend geboten, da die Einordnung verschiedene rechtliche Konsequenzen verursacht.[317]

Diese Differenzierung verdeutlicht das grundsätzlich weite Verständnis des Begriffs des Schiedsspruches im schwedischen Recht. Indem explizit vorgegeben wird, dass ein Schiedsspruch auch Entscheidungen umfasst, welche gerade nicht die materiellen Streitigkeiten bewertet, wird deutlich, dass die Einordnung eine Abwägung im Einzelfall erfordert.

Es ist daher fraglich, welche Entscheidungsform des schwedischen Rechts ein Äquivalent zu dem Beendigungsbeschluss darstellt. Nach Art. 27 II Swedish Arbitration Act kann ein Vergleich der Parteien nach deren Antrag in Form eines Schiedsspruches festgehalten werden. Wie das Verfahren beendet wird, wenn ein solcher Antrag nicht vorliegt, ist nicht geregelt. Denkbar erscheint eine Zuordnung dieser Konstellation zu einem Schiedsspruch nach Art. 27 I 2 oder einem Beschluss nach Art. 27 III Swedish Arbitration Act.

Nach Artikel 27 I 2 Swedish Arbitration Act bestimmt, dass auch Entscheidungen ohne materiellen Inhalt als Schiedsspruch getroffen werden können. Artikel 27 III Swedish Arbitration Act sieht vor, dass Entscheidungen, welche keine Schiedssprüche sind, Beschlüsse darstellen.

Die Konstellation, dass beim Abschluss eines Vergleiches kein Antrag auf dessen Feststellung in Form eines Schiedsspruches gestellt wird, erscheint auf den ersten Blick dem Anwendungsbereich des Artikel 27 III Swedish Arbitration Act zu unterfallen.

Andererseits wird die Beendigungsform des Schiedsspruches nach Art. 27 I 2 Swedish Arbitration Act gewählt, wenn das Schiedsgericht das Verfahren ohne eine Entscheidung über die materiellen Ansprüche beendet, es aber gleichzeitig einer Partei ermöglicht werden soll, geltend zu machen, dass kein prozessuales Hindernis gegen eine materiell-rechtliche Prüfung des Rechtsstreits

317 *Andersson/Isaksson/Johansson/Nilsson*, Arbitration in Sweden, S. 133 Rn. 39.

bestand.[318] Es wird vertreten, dass das Schwedische Recht verlange, dass die Beendigung eines Schiedsverfahrens aufgrund eines Vergleiches grundsätzlich in der Form eines Schiedsspruches geschehen solle.[319]

Darüber hinaus wird die Beendigungsform des Art. 27 I 2 Swedish Arbitration Act nach schwedischem Recht unter anderem gewählt, wenn eine Klagerücknahme durch den Kläger stattgefunden hat,[320] im deutschen Recht eine Fallgruppe der Einschlägigkeit des Beendigungsbeschlusses nach § 1056 II 1 b) ZPO. Unter diesem Blickwinkel wäre eine Einordnung der Entscheidungsqualität des deutschen Beendigungsbeschlusses unter einen Schiedsspruch im Sinne des Art. 27 I 2 Swedish Arbitration Act möglich.

Insoweit ist festzustellen, dass das schwedische Recht mit dieser Bestimmung den Begriff des Schiedsspruches grundsätzlich weit ausgestaltet und einen, vergleichsweise, flexiblen Ansatzpunkt zur Einordnung einer Entscheidung als Schiedsspruch bereitet.

(e) Internationaler Konsens

Insgesamt lässt sich im Rahmen einer internationalen Perspektive feststellen, dass der Begriff des Schiedsspruches weit auszulegen ist.

Zu Recht wurde deshalb festgehalten, dass es dem Charakter der Schiedsgerichtsbarkeit gerecht wird, den Begriff des Schiedsspruches pragmatisch zu bestimmen.[321] Konkrete Argumente für die Einordnung des Beendigungsbeschlusses als Schiedsspruch haben sich aus den untersuchten Rechtsordnungen allerdings nicht ergeben.

(5) Zwischenergebnis

Sowohl die Erwägungen zum nationalen als auch die zum internationalen Recht lassen eine weite Interpretation des Begriffs des Schiedsspruches zu und verschließen sich einer flexiblen normspezifischen Auslegbarkeit des Begriffs nicht.

---

318 *Söderlund*, Vergleichender Überblick zur Schiedsgerichtsbarkeit in Deutschland, England, Russland und Schweden, SchiedsVZ 2004, S. 130 (134 f.).

319 *Söderlund*, in: Kronke/Melis/Kuhn, Handbuch Internationales Wirtschaftsrecht, Teil P, S. 2384 Rn. 1790.

320 *Madsen*, Commercial Arbitration in Sweden, S. 236.

321 *Marchisio*, A comparative analysis of consent awards: accepting their reality, Arbitration International, 2016, S. 331 (332).

Wenn auch nicht alle vom Schutzzweck des § 1059 ZPO umfassten, auf Schiedssprüche zielenden, Aspekte übertragbar sind, sprechen die überwiegenden Gründe für ein weites Verständnis des Begriffes Schiedsspruch.

Mit der Aufhebungsmöglichkeit von auch nicht den Anforderungen an einen Schiedsspruch entsprechenden Scheinschiedssprüchen ist die Tendenz zu einem breiten Verständnis geebnet.

Wenn man damit den Begriff des Schiedsspruches, zumindest in diesem Kontext, als Entscheidung von welcher belastende Wirkungen ausgehen können versteht, so ist davon auch ein das Verfahren unwiderruflich beendender Beschluss umfasst. Zwar mag aus einem solchen nicht vollstreckt werden, aber der Zeit- und Kostenverlust trotz unzureichender Verfahrensbeendigung hat ebenso eine belastende Wirkung.

Aufgrund dessen sollte gerade auch aufgrund der im Schiedsverfahren vorherrschenden Privatautonomie von einer grundsätzlich bestehenden Flexibilität seiner Vorschriften ausgegangen werden. Ein weites Verständnis des Begriffes Schiedsspruch und damit einhergehend die Einbeziehung von Beendigungsbeschlüssen in diesen Anwendungsbereich sind deswegen zu bejahen.

bb) Aufhebungsfähigkeit des Beendigungsbeschlusses

Selbst wenn man nach einem weiten Verständnis des Begriffs des Schiedsspruches einen Beendigungsbeschluss in den Anwendungsbereich einer Norm einbezieht, ist aber zu fragen, unter welchen Voraussetzungen die Aufhebung eines Beendigungsbeschlusses mittels § 1059 ZPO in Betracht kommt. Es wird argumentiert, dass nur bestimmte Schiedssprüche angefochten werden können und eine entsprechende Entscheidung einer komplexen Abwägung bedarf.[322]

(1) Rechtsgedanke des § 1059 ZPO

Das als Resultat der Privatautonomie besonders geschützte Institut der Schiedsgerichtsbarkeit soll nur in einem engen Rahmen der Kontrolle durch staatliche Gerichte zugänglich sein, um die volle Entfaltung des Parteiwillens zu gewährleisten. Infolgedessen ist davon auszugehen, dass die Anwendung des

---

322 *Haas*, Aufhebungsklage und Beendigungsbeschluss nach § 1056 Abs. 2 ZPO, SchiedsVZ 2010, S. 286 (289).

§ 1059 ZPO grundsätzlich restriktiv zu handhaben ist. So geht auch die herrschende Meinung davon aus, dass *„nur bestimmte Schiedssprüche angefochten werden können"*.[323]

Der *Bundesgerichtshof* argumentiert in diesem Zusammenhang, dass § 1059 ZPO nur auf solche Schiedssprüche angewandt werden soll, die eine endgültige schiedsgerichtliche Entscheidung darstellen.[324]

Fraglich ist mithin, ob der Beendigungsbeschluss in dieser Form die Qualität einer der Aufhebung nach § 1059 ZPO unterliegenden Entscheidung hat. Auch wenn es sich bei ihm um einen „Schiedsspruch" handelt, ist also weiter zu prüfen, ob er als endgültige Entscheidung der Aufhebbarkeit unterliegt.

Mit dem Beendigungsbeschluss endet das schiedsrichterliche Verfahren, sodass zunächst von einer Endgültigkeit ausgegangen werden könnte. Andererseits beendet der Beendigungsbeschluss nur das laufende Verfahren. Die Schiedsvereinbarung bleibt bestehen und auch einem erneuten schiedsgerichtlichen Verfahren über den gleichen Streitgegenstand steht der Beendigungsbeschluss jedenfalls dann nicht entgegen, wenn er im Einverständnis sämtlicher Parteien und des Schiedsgerichts durch die Einleitung eines neuen Verfahrens im Ergebnis aufgehoben wird.[325]

Für die Anwendbarkeit des § 1059 ZPO ist nicht relevant, ob im Einvernehmen aller Beteiligten die Rechtslage geändert werden kann, sondern, ob es notwendig ist, den Parteien ein einseitiges Instrument an die Hand zu geben.

(2) Abweichende Beurteilung aufgrund entgegenstehender formaler und materieller Aspekte

Über diese vom Normzweck geleiteten Erwägungen hinaus, kann ein formales Argument die Aufhebbarkeit weiter untermauern.

Im Rahmen des Aufhebungsverfahrens eröffnet § 1059 IV ZPO die Möglichkeit, im Falle der Aufhebung das Verfahren zur neuen Entscheidung der Streitigkeit an das ursprüngliche Schiedsgericht zurückzuverweisen. Auf diese Norm verweist § 1056 III ZPO, welcher uneingeschränkt auf beide vorangegangenen Absätze und somit auch auf § 1056 II ZPO verweist, der den

323 *Haas*, Aufhebungsklage und Beendigungsbeschluss nach § 1056 Abs. 2 ZPO, SchiedsVZ 2010, S. 286 (289).

324 BGHZ 10, 325, 327.

325 *Gerstenmaier*, Beendigung des Schiedsverfahrens durch Beschluss nach § 1056 ZPO, SchiedsVZ 2010, S. 281 (282).

Beendigungsbeschluss regelt. In § 1059 ZPO ist damit angelegt, dass eine Aufhebbarkeit auch für den Beendigungsbeschluss in Betracht kommt.

Darüber hinaus könnte sich die Unaufhebbarkeit eines Beendigungsbeschlusses auch negativ auf den Bestand eines materiellen Anspruches auswirken. Für die Dauer des Schiedsverfahrens ist die Verjährung des Anspruchs gehemmt. Da mit dem Beendigungsbeschluss die Verjährungsfrist gemäß § 204 II BGB wieder läuft, könnte bei Einleitung eines neuen Verfahrens eine Verjährung des Anspruchs ohne eine Heilungsmöglichkeit eingetreten sein.[326] Die Aufhebung des Beendigungsbeschlusses würde mithin auch das Bestehen des Anspruches sichern, weil mangels Beendigung des ursprünglichen Verfahrens die Verjährung der streitgegenständlichen Ansprüche fortlaufend gehemmt wäre. Wie an anderer Stelle bereits dargestellt,[327] soll die Hemmungswirkung des Ursprungsverfahrens in das Aufhebungsverfahren „hineingezogen" werden.

Die Verweisung auf § 1059 IV ZPO in § 1056 III ZPO spricht daher für die Aufhebbarkeit eines Beendigungsbeschlusses. Weiter spricht für diese Aufhebbarkeit, dass eine durch das einmalig begonnene Verjährungshemmung durch die Einleitung eines Aufhebungsverfahrens aufrecht erhalten bleibt.

(3) Einbeziehung prozessökonomischer Erwägungen

Im Rahmen der Beurteilung des Anwendungsbereiches des § 1059 ZPO wird teilweise aufgrund prozessökonomischer Erwägungen eine Anwendbarkeit auf nicht endgültige Entscheidungen eines Schiedsgerichts erwogen. Es soll den Parteien nicht grundsätzlich zugemutet werden, erst auf eine endgültige Entscheidung zu warten, um den Rechtsschutz durch staatliche Gerichte einzuleiten, vielmehr sollen die Parteien frühzeitig Schutz erhalten.[328]

Eine direkte Übertragbarkeit dieses Ansatzes auf den Beendigungsbeschluss ist jedoch unpassend, da ein Beendigungsbeschluss zunächst einmal keine Entscheidung des Schiedsgerichts darstellt, die noch weitere Entscheidungen nach sich zieht.

Trotzdem ist zu hinterfragen, ob prozessökonomische Ansätze nicht dennoch einzubeziehen sind. Es ist dabei darauf abzustellen, dass nach dem Grundsatz

---

326 *Schütze*, Die gerichtliche Überprüfung von Entscheidungen des Schiedsgerichts, SchiedsVZ 2009, S. 241 (247).

327 So in IV 5 c).

328 *Haas*, Aufhebungsklage und Beendigungsbeschluss nach § 1056 Abs. 2 ZPO, SchiedsVZ 2010, S. 286 (291).

der Prozessökonomie ein möglichst zeit- und kosteneffizientes Verfahren zu gewährleisten ist.

Im Rahmen dieser Erwägungen ist fraglich, ob auch die Fortsetzung eines formal mittels Beendigungsbeschlusses zunächst einmal beendeten Verfahrens unter diesen Aspekten angezeigt sein kann.

Trotz eines Beendigungsbeschlusses bleibt die Einleitung eines neuen Verfahrens möglich, weil die Schiedsvereinbarung immer noch besteht.

Die Einleitung eines neuen Verfahrens ist aber unter prozessökonomischen Aspekten nicht mit der Fortsetzung des alten Verfahrens zu vergleichen.

Mit der Fortsetzung des ursprünglichen Verfahrens vor dem ursprünglichen Schiedsgericht sind die Übernahme der etwa im Rahmen einer Beweisaufnahme bereits erlangten Erkenntnisse und unter Umständen bestehender Zugeständnisse verbunden.

Fraglich ist, ob ein Beendigungsbeschluss aufgrund dieser Erwägungen als aufhebungsfähige Entscheidung im Sinne des § 1059 ZPO gewertet werden sollte. Dies ist der Fall, wenn eine Fortführung des beendeten Streits vor dem ursprünglichen Schiedsgericht die Folge einer solchen Aufhebung wäre.

Wie bereits dargestellt, wäre die Aufhebung eines Beendigungsbeschlusses als Folge der Unwirksamkeit eines Vergleiches ein Fall, in dem gemäß § 1059 IV ZPO eine Zurückverweisung an das Schiedsgericht zu erfolgen hätte. Was an dieser Stelle für die Aufhebung von Schiedssprüchen mit vereinbartem Wortlaut gilt, ist auch für die Frage nach der Aufhebungsmöglichkeit von Beendigungsbeschlüssen maßgebend.

Ein geeigneter Fall liegt vor, soweit es sich bei dem Aufhebungsgrund um einen *„reparablen Verfahrensverstoß"* handelt; dann soll *„dasselbe Schiedsgericht [...] unter Vermeidung desselben Fehlers neu entscheiden"*.[329] Im vorliegenden Fall liegt der Verfahrensfehler in der Beendigung des Schiedsverfahrens aufgrund eines unwirksamen Vergleiches. Mangels eines solchen Vergleiches muss das Schiedsverfahren weitergeführt werden und eine Beendigung kommt erst nach Abschluss eines wirksamen Vergleiches der Parteien oder einer endgültigen Entscheidung des Schiedsgerichtes in Betracht.

Es ist gerade in dieser Konstellation zu bedenken, dass die Parteien durch den unwirksamen Vergleichsabschluss ein Verfahren vor dem Schiedsgericht unterbrochen haben, welches sie zuvor für den Entscheidung ausgesucht hatten und welches selbst keine Zweifel an seiner Kompetenz geboten hat. Dem Schiedsgericht ist in diesem Fall nicht einmal ein Fehler unterlaufen.

---

329 *Seiler*, in: Thomas/Putzo, ZPO, § 1059, Rn. 21.

Neben dem Vorliegen eines geeigneten Falles verlangt der Wortlaut des § 1059 IV ZPO den Antrag einer Partei auf Zurückweisung an das ursprüngliche Schiedsgericht.

Wie auch im Rahmen des Schiedsspruches mit vereinbartem Wortlaut bereits thematisiert, wird vertreten, dass beim Vorliegen eines Widerspruches der Gegenpartei bereits kein geeigneter Fall vorliege und mithin eine Zurückverweisung ausscheide.[330] Die dafür vorgelegte Begründung, dass der widersprechenden Partei eine Entscheidung des ursprünglichen Schiedsgerichtes nicht mehr zugemutet werden könne, nachdem dieses einmal mangelhaft entschieden habe, greift auch hier nicht.

Da bei einem Beendigungsbeschluss jedoch wie bei einem Schiedsspruch mit vereinbartem Wortlaut auch gerade ein unwirksamer Vergleich der Parteien den Verfahrensfehler hervorruft, ist das Argument auch in diesem Zusammenhang ebenso nicht einschlägig.

Da darüber hinaus der Wortlaut gerade die Antragstellung einer Partei vorsieht, ist davon auszugehen, dass ein Widerspruch der Gegenpartei gerade nicht ausreicht, eine Zurückverweisung zu verhindern.[331] Im Gegenteil sollte die Zurückweisung an das ursprüngliche Schiedsgericht den Regelfall bilden, es gibt jedenfalls aus dem Blickwinkel des von diesem bis zum Abschluss des Vergleiches geführten Verfahrens keinerlei Einwände gegen eine Streitentscheidung durch dieses.

Gerade mit dieser Besonderheit spricht die Prozessökonomie dafür, Beendigungsbeschlüsse als Folge eines Vergleiches der Parteien über § 1059 ZPO als aufhebbar zu bewerten.

(4) Ausnahmen aufgrund des verfassungsrechtlichen Gebots staatlichen Rechtsschutzes

Zur Diskussion steht die Befürwortung der Aufhebbarkeit von Beendigungsbeschlüssen ferner aufgrund von verfassungsrechtlichen Geboten staatlichen Rechtsschutzes.

Sowohl *Haas* als auch *Schütze* argumentieren damit, dass die Garantien des Art. 19 IV GG sowie des Art. 6 EMRK ein Recht auf ausreichenden Rechtsschutz statuieren, welches auch ein Recht auf eine gerichtliche Kontrollinstanz begründen könnte.

---

330 *Schütze*, Schiedsgericht und Schiedsverfahren, S. 207 Rn. 793.

331 So auch *Münch*, in: Münchener Kommentar ZPO, § 1059, Rn. 78; *Voit*, in: Musielak/Voit, ZPO, § 1059, Rn. 41.

Diese Argumentation soll an dieser Stelle zur Diskussion gestellt werden. Dabei sind zunächst die Gewährleistungen des Art. 19 IV GG und ihre Rechtweite zu betrachten. Darüber hinaus sollte aber auch Art. 6 I EMRK einbezogen werden, da die Europäische Menschenrechtskonvention zwar in Deutschland keinen Verfassungsrang hat, aber dennoch als Auslegungshilfe bei der Bestimmung des Schutzumfanges der Grundrechte dient.[332]

Es gilt zu untersuchen, ob die Rechtsnormen überhaupt Anwendung auf Schiedsverfahren finden, und zum anderen, ob sich aus der Anwendung der Normen ein Anspruch auf eine Aufhebungsmöglichkeit von Beendigungsbeschlüssen ergibt.

(a) Die Anwendbarkeit der Gebote des staatlichen Rechtsschutzes auf das Schiedsverfahren

Gegen die Anwendbarkeit könnte zunächst vorgebracht werden, dass die Parteien mit der Schiedsabrede die Garantien des staatlichen Rechtsschutzes aufgegeben hätten. Andererseits sind für das Schiedsverfahren maßgebliche Rechtsquellen zu bestimmen oder deren Wahl zu berücksichtigen, welche ebenfalls entsprechende Grundsätze oder Garantien umfassen können.

Das auf ein Schiedsverfahren anwendbare Verfahrensrecht richtet sich regelmäßig nach dem lex arbitri, also das auf das Schiedsverfahren anwendbare Verfahrensrecht jenes Staates, in welchem das Schiedsgericht seinen Sitz hat. Dieses weist zwar regelmäßig eine geringere Regelungsdichte und Raum für parteiautonome Vereinbarungen auf, stellt aber den verfahrensrechtlichen Rahmen dar.[333] Dabei ist der verfahrensrechtliche Mindeststandard sicher zu stellen.[334]

Auch mit der Anwendbarkeit des Gebotes eines fairen Verfahrens gemäß Art. 6 I EMRK auf ein Schiedsverfahren hat man sich bereits vielfach auseinandergesetzt.

Es ist zunächst davon auszugehen, dass die Grundwerte des Art. 6 I EMRK von so grundlegender Bedeutung sind, dass sie zu einer öffentlichen Grundordnung gehören und mithin allgemein gültig sind.[335] Der Anwendbarkeit entgegenstehen könnte ein formales Argument: Seinem Wortlaut nach gilt der Grundsatz

---

332 *Schütze*, Die gerichtliche Überprüfung von Entscheidungen des Schiedsgerichts SchiedsVZ 2009, S. 241 (242).

333 *Voser/Schramm/Haugeneder*, in: Torggeler ua., Handbuch Schiedsgerichtsbarkeit, S. 249 f.

334 *Saenger*, in: Saenger, HK-ZPO, Vor §§ 1025-1066 Rn. 1.

335 *Briner/von Schlabrendorff*, Liber Amicorum Karl Heinz Böckstiegel, S. 89 (92).

des fairen Verfahrens vor einem „*tribunal established by law.*“ Das könnte bedeuten, dass dieser Grundsatz in einem Schiedsverfahren, dessen Schiedsgericht gerade aufgrund Parteivereinbarung zustande kommt, nicht anwendbar ist.[336] Eher sollte diese Formulierung aber wohl umgekehrt und weit verstanden werden, sodass auch ein Schiedsgericht als solches Gericht angesehen werden kann, weil dessen Grundlage, die Institution der Schiedsgerichtsbarkeit überhaupt, gesetzlich normiert ist. [337]

Weiterhin könnte man argumentieren, dass sich die EMRK nur an ihre Mitgliedsstaaten als Adressaten richtet.[338] Somit ist fraglich, ob das Schiedsgericht überhaupt ein geeigneter Adressat entsprechender Grundsätze sein kann, da die Schiedsrichter grundsätzlich als Private auftreten. In diesem Zusammenhang ist jedoch darauf abzustellen, dass die Schiedsrichter stellvertretend für staatliche Organe tätig werden und deshalb nicht Privaten gleichgestellt werden sollten. Vielmehr ist eine Anwendbarkeit auf Schiedsgerichte sogar gefordert, weil sie gerade die Rechte und Pflichten der durch die EMRK verpflichteten staatlichen Gerichte wahrnehmen.[339]

In Bezug auf die Anwendbarkeit der verfahrensrechtlichen Garantien des Grundgesetzes als auch im Hinblick auf das Verhältnis der EMRK zur Schiedsgerichtsbarkeit ist also festzustellen, dass die entsprechenden Garantien in übertragener Form auch auf das Schiedsverfahren angewandt werden können.

(b) Die Gebote des staatlichen Rechtsschutzes als Grundlage für einen sekundären Kontrollanspruch im Rahmen von Schiedsverfahren

Unabhängig von Ihrer grundsätzlichen Anwendbarkeit, stellt sich jedoch die Frage, ob die Rechtsstaatsgebote einen Anspruch auf gerichtliche Überprüfung einer schiedsgerichtlichen Entscheidung begründen und ob ein solcher geeignet ist, als Argument für eine Aufhebungsmöglichkeit des Beendigungsbeschlusses durch staatliche Gerichte zu dienen.

(aa) Bestätigung eines gerichtlichen Kontrollanspruches

Art. 19 IV GG gewährleistet einen wirksamen Rechtsschutz, aus welchem der Bürger einen Anspruch auf wirksame gerichtliche Kontrolle ableiten kann.[340]

---

336 *Landrove*, Human Rights at the Centre, S. 73 (79 f.).

337 *Besson*, ASA Bulletin 3/2006, S. 395 (401), Rn. 23.

338 *Poudret/ Besson*, Comparative Law of International Arbitration, S. 65 Rn. 87.

339 *Besson*, ASA Bulletin 3/2006, S. 395 (402), Rn. 25.

340 *Krebs*, in: Von Münch/Kunig, GG, Art. 19 Rn. 68.

Daraus könnte sich auch ein Recht auf gerichtliche Kontrolle einer schiedsrichterlichen Entscheidung ableiten lassen.

Dafür müsste sich der Anwendungsbereich des Kontrollanspruches aber zunächst auf gerichtliche Entscheidungen erstrecken. Der Wortlaut des Art. 19 IV GG spricht von Rechtsverletzungen durch die öffentliche Gewalt. Der Umfang dieses Begriffes ist umstritten.

Vielfach wurde vertreten, dass damit nur Akte der vollziehenden Gewalt gemeint und weder Entscheidungen des Gesetzgebers noch eines Richters davon umfasst seien.[341] Geprägt wurde insoweit der Ausspruch, dass Art. 19 IV GG den *„Schutz durch den Richter, nicht gegen den Richter“* gewährleiste.[342] Begründet wird dies vor allem damit, dass die Gefahr eines unendlichen Instanzenzuges bestünde, wenn jede gerichtliche Entscheidung wiederum der gerichtlichen Kontrolle unterläge.[343]

Das *Bundesverfassungsgericht* hat sich im Jahr 2003 im Rahmen eines Plenarverfahrens mit dieser Thematik auseinandergesetzt.[344] Konkreter Gegenstand dieses Verfahrens war die verfassungsrechtliche Gewährleistung fachgerichtlichen Rechtsschutzes bei Verstößen gegen den Anspruch auf rechtliches Gehör (Art. 103 I GG). Es hielt fest, dass das Grundgesetz das Offenstehen des Rechtsweges sowohl durch Art. 19 IV GG als auch den allgemeinen Justizgewährleistungsanspruch, als Ausprägung des Rechtsstaatsprinzips in Verbindung mit den Grundrechten, sichere. Es setzte sich in diesem Zusammenhang auch mit der Anwendung des Art. 19 IV GG auf gerichtliche Entscheidungen auseinander und

---

341 Dies entsprach zwar grundsätzlich der überwiegenden Ansicht, insbesondere des Bundesverfassungsgerichts (BVerfGE 15, 275 (280)), wurde in der Kommentarliteratur aber kritisch gesehen: *Krebs*, in: Von Münch/Kunig, Art. 19, Rn. 63: *Krebs* weist darauf hin, dass dies die überwiegende Meinung in der Literatur und die (damals) ständige Rechtsprechung des Bundesverfassungsgerichtes sei, steht dieser Einordnung aber selbst kritisch entgegen; *Huber*, in: Mangoldt/Klein/Starck, GG, Art. 19 IV Rn. 433 f.: auch *Huber* stellt diese Wertung zwar als vorherrschend in der Rechtsprechung dar, spricht sich aber für eine Erstreckung des Art. 19 IV GG auf Akte der Legislative aus; *Schmidt-Aßmann*, in: Maunz/Dürig, GG, Art. 19 IV Rn. 96, welcher jedoch bereits unter Verweis auf *Voßkuhle* darauf hinweist, dass die richterliche Gewalt in einigen Erscheinungsformen einer Überprüfbarkeit zugänglich sein dürfte.

342 ursprünglich *Dürig*, in der Erstbearbeitung von Maunz/Dürig, Art. 19 IV GG Rn. 17; diese Formel wurde vielfach übernommen, so auch vom Bundesverfassungsgericht z.B. in: BVerfGE 15, 275 (280).

343 *Schmidt-Aßmann*, in: Maunz/Dürig, GG, Art. 19 IV Rn. 96.

344 BVerfGE 107, 395.

hinterfragte, ob ein Rechtsschutzdefizit bestehe, soweit die Anwendung verneint würde. Dabei verneinte es das Bestehen eines Defizits indem es entschied, dass der allgemeine Justizgewährleistungsanspruch bei der erstmaligen Verletzung von Verfahrensgrundrechten durch ein Gericht als Grundlage des Rechtsschutzes diene. Dies gelte insbesondere im Falle der Missachtung der grundgesetzlich verankerten Verfahrensgrundrechte aus Art. 101 I GG und Art. 103 I GG.

Daraus wird geschlussfolgert, dass der Justizgewährleistungsanspruch Rechtsschutz gegen die erstmalige Verletzung des Anspruches auf rechtliches Gehör sichere; dass damit richterliche Entscheidungen als Hoheitsakte aufgefasst und in das „*Kontrollgefüge des Grundgesetzes integriert*" wurden, wurde ausdrücklich begrüßt.[345]

Die Kommentarliteratur bezieht vielfach, bestätigt durch diese Entwicklungen, Akte richterlicher Gewalt in den Anwendungsbereich des Art. 19 IV GG ein.[346] Damit mag die Grundlage der Kontrolle des staatlichen Rechtsschutzes zwar wahlweise auf dem allgemeinen Justizgewährleistungsanspruch oder Art. 19 IV GG liegen, ihre Erforderlichkeit wird aber bejaht.

Die Annahme des grundsätzlichen Bestehens eines Kontrollanspruches zur Überprüfung gerichtlicher Entscheidungen ist auch auf schiedsgerichtliche Entscheidungen zu übertragen.[347]

Vergleichbare Ansätze bestehen auch im Anwendungsbereich der EMRK; auch dort wird kein mehrstufiger Rechtsschutz gewährleistet, aber eine Korrekturmöglichkeit muss dennoch gegeben sein.[348]

Auch wenn die verfassungsrechtliche Anknüpfung des Rechtsschutzes gegen eine richterliche Entscheidung damit nicht bei Art. 19 IV GG, sondern im allgemeinen Justizgewährleistungsanspruch zu finden sein mag: Auch im schiedsgerichtlichen Verfahren besteht ein Kontrollanspruch zur Überprüfung gerichtlicher Entscheidungen.

345 *Voßkuhle*, Bruch mit einem Dogma: Die Verfassung garantiert Rechtsschutz gegen den Richter, NJW 2003, S. 2193 (2196).

346 *Schmidt-Aßmann*, in: Maunz/Dürig, Art. 19 IV Rn. 96, der ausdrücklich mit den Entwicklungen in der Rechtsprechung und den Untersuchungen *Voßkuhles* auseinandersetzt.

347 *Schütze*, Die gerichtliche Überprüfung von Entscheidungen des Schiedsgerichts, SchiedsVZ 2009, S. 241.

348 *Matscher*, in: Festschrift Nagel, S. 227 (237).

(bb) Erstreckung des Kontrollanspruches auf den Beendigungsbeschluss

Grundsätzlich ist also davon auszugehen, dass die Gebote des staatlichen Rechtsschutzes einen Anspruch auf eine Kontrollinstanz für eine schiedsrichterliche Entscheidung bieten können. Fraglich ist jedoch, ob es eine Verletzung dieses Grundsatzes darstellte, wenn ein Beendigungsbeschluss nicht überprüfbar wäre.

Insoweit ist der Umfang des Rechtsschutzes zu diskutieren. In seiner Entscheidung stellte das Bundesverfassungsgericht ebenfalls fest: *„Die Garantie einer einmaligen gerichtlichen Entscheidung über ein behauptetes Recht zielt darauf ab, Konflikte um eine mögliche Rechtsverletzung einer Prüfung und einer bestandskräftigen Entscheidung zuzuführen. (...) Verfassungsrechtlich ist es nicht geboten, auch den Akt der gerichtlichen Überprüfung selbst daraufhin kontrollieren zu können, ob in ihm die für den Ausgangsstreit anwendbaren Rechtsnormen nunmehr vom Gericht verletzt wurden. Im Interesse der Rechtssicherheit und des Rechtsfriedens nimmt das verfassungsrechtlich gewährleistete Rechtsschutzsystem bei der Überprüfung eines Verhaltens ein verbleibendes Risiko falscher Rechtsanwendung durch das Gericht in Kauf.“*

Unter Anwendung dieser Feststellung wäre eine Kontrollinstanz für einen Beendigungsbeschluss im Falle des Abschlusses eines Vergleiches nicht zwingend.

Dass nach dieser Entscheidung des Bundesverfassungsgerichtes die Richtigkeit jedweder Rechtsanwendung nicht zu überprüfen sein soll, wurde kritisch bewertet. So meint *Voßkuhle*, dass die Entscheidung *„den hoheitlichen Eingriffscharakter der richterlichen Entscheidung aus dem Blick“* verliere; es würde *„nicht so recht einleuten, warum der erstmalige Verstoß gegen Art. 103 I GG den Rechtsweg eröffnet, der erstmalige Verstoß gegen Art. 2 I und 3 I GG durch eine inhaltlich fehlerhafte Rechtsanwendung (im Zivilprozess) dagegen nicht“*.[349]

Unter dem Blickwinkel dieser Argumentation könnte der Erlass eines Beendigungsbeschlusses auf der Grundlage eines unwirksamen Vergleiches eine der Kontrolle bedürftige fehlerhafte Rechtsanwendung sein.

Tatsächlich geht *Voßkuhle* in seiner Darstellung weiter darauf ein, dass den seitens des Bundesverfassungsgerichts festgestellten Rechtsschutzlücken, aufgrund derer der Rechtsschutz gegen richterliche Entscheidungen überhaupt erst als geboten erachtet wurde, auch durch Fortentwicklungen in der Rechtsmittelpraxis entgegengetreten werden könnte. Unter anderem schlägt er vor, die

349 *Voßkuhle*, Bruch mit einem Dogma: Die Verfassung garantiert Rechtsschutz gegen den Richter, NJW 2003, S. 2193 (2197).

Gehörsrüge aus § 321 a ZPO auf die Überprüfung nicht anfechtbarer Beschlüsse zu erstrecken.[350]

Im Lichte dieser Überlegungen kann die Entscheidung des Bundesverfassungsgerichtes ohne weiteres als Entscheidung für eine umfassende Justizgewährleistung und als Argumentation für eine breite Rechtsmittelanwendung verstanden werden.

(5) Aufhebungsbefürwortende Tendenzen auf der Grundlage der Systematik anderer Verfahrensarten

(a) Aufhebbarkeit von Beschlüssen im Zivilprozess

Zur Gewährleistung ausreichenden Rechtsschutzes wurden im Rahmen verschiedener zivilprozessualer Verfahrensarten Möglichkeiten zur Aufhebung von Beschlüssen geschaffen. Diese sollen im Folgenden im Hinblick auf die Aufhebbarkeit des Beendigungsbeschlusses im Schiedsverfahren dargestellt und ihre Übertragbarkeit erwogen werden.

Die ZPO gestaltet das Verfahren um Beschlüsse im Rahmen des § 329 ZPO konkreter aus, indem die entsprechende Anwendbarkeit einzelner Vorschriften zu Urteilen normiert wird. Ob der Regelungsgehalt eines Beschlusses im Rahmen der ZPO dem im Schiedsverfahren ergehenden Beendigungsbeschluss gleichgesetzt werden kann und sich daraus argumentieren lässt, dass auch der Beendigungsbeschluss der Aufhebung zugänglich sein sollte, ist zu untersuchen.

(aa) Das Beschwerdeverfahren nach § 567 ff. ZPO

Für verfahrensabschließende Beschlüsse bieten §§ 567 ff. ZPO generell die Möglichkeit der Beschwerde.[351]

Eine Aufhebung bzw. Wiederaufnahme durch das Ausgangsgericht ist danach zwar nicht von Amts wegen, aber auf Verlangen einer Partei, soweit diese den Beschluss angefochten hat, möglich. Die Durchbrechung der Bindungswirkung des Beschlusses steht mithin in Abhängigkeit zu dem Rechtsbehelfsverfahren.[352] Das Beschwerdeverfahren wurde im Rahmen der ZPO-Reform eingeführt, um dem Ausgangsgericht einen Kontrollmechanismus zu verschaffen, den Parteien die Rechtsverfolgung zu erleichtern und das Beschwerdegericht zu entlasten.

---

350 *Voßkuhle*, Bruch mit einem Dogma: Die Verfassung garantiert Rechtsschutz gegen den Richter, NJW 2003, S. 2193 (2198).

351 *Roth*, in: Stein/Jonas, ZPO, § 329 Rn. 20.

352 *Roth*, in: Stein/Jonas, ZPO, § 329 Rn. 20; *Musielak*, in: Münchener Kommentar ZPO, § 329 Rn. 10.

Aus diesen Überlegungen kann für die hier zu untersuchende Fragestellung fruchtbar gemacht werden, dass es grundsätzlich möglich sein muss, eine gerichtliche Entscheidung auch ohne die Qualifikation einer endgültigen anzugreifen und das Ausgangsgericht nochmals mit der Angelegenheit zu befassen.

(bb) Die Anhörungsrüge im gem. § 321a ZPO

Einen weiteren Anpassungsmechanismus der ZPO stellt die Anhörungsrüge gem. § 321 a ZPO dar. Entscheidungen, welche keinem Rechtsmittel oder Rechtsbehelf zugänglich sind, können mit dieser Rüge angegriffen werden, soweit sie eine Verletzung des Anspruches auf rechtliches Gehör darstellen.

Die Regelung wurde eingeführt, um Verletzungen des Anspruches auf rechtliches Gehör abzuhelfen und prozessökonomische Grundsätze zu fördern.[353] § 321 a ZPO ist eine Auffangnorm, welche für Entscheidungen, die sonst nicht mehr angreifbar wären, einen Aufhebungstatbestand herbeiführt. Soweit die Voraussetzungen erfüllt sind, ermöglicht die Norm *„eine einfache und nicht aufwendige Verfahrensfortführung in der gleichen Instanz in Form eines Annexverfahrens"*.[354]

Bei der Gehörsrüge nach § 321 a ZPO handelt es sich um einen Rechtsbehelf eigener Art. Sie ermöglicht die Freistellung des die Entscheidung erlassenden Gerichts sowohl von der Bindungswirkung im Sinne des § 318 ZPO als auch von der formellen und materiellen Rechtskraft.[355] Da sie weder Suspensiv- noch Devolutiveffekt besitzt, stellt sie selbst kein Rechtsmittel dar. Sie wirkt vielmehr rechtskraftdurchbrechend und verfügt über eine der Wiederaufnahme oder Wiedereinsetzung vergleichbare prozessuale Funktion.[356] Ihre breite Anwendbarkeit umfasst zunächst alle unanfechtbaren Entscheidungen unabhängig davon, ob sie in einem Haupt- oder Nebenverfahren erlassen wurden. Aber auch die Form der Entscheidung ist unerheblich, was zur Anwendbarkeit der Anhörungsrüge auf unanfechtbare Beschlüsse führt.[357]

Obwohl mit diesem Ansatz die Aufhebung einer grundsätzlich nicht mehr angreifbaren Entscheidung statuiert wird und die Heranziehung ihrer Systematik

353 *Rosenberg/Schwab/Gottwald*, Zivilprozessrecht, § 61 Rn. 43.

354 *Vollkommer*, in: Festschrift Schumann, S. 507 (511).

355 BGH NJW-RR 2011, S. 427 (428), Rn. 18; *Musielak*, in: Musielak/Voit, ZPO, § 321 a Rn. 2, 4.

356 BT Drucks 15/3706 S. 14.

357 *Musielak*, in: Münchener Kommentar ZPO, § 321 a Rn. 2.

für die hier untersuchte Fragestellung deshalb naheliegend erscheint, ist dieser Ansatz dennoch nicht unmittelbar anwendbar.

Vorliegend steht in Frage, ob die Nichteinräumung einer Aufhebungsmöglichkeit für Beendigungsbeschlüsse eine Verletzung des rechtlichen Gehörs darstellen könnte. Im Gegensatz dazu dient die Anhörungsrüge des § 321 a ZPO jedoch dazu, eine Entscheidung zu korrigieren, wenn diese aufgrund einer Verletzung des rechtlichen Gehörs zustande gekommen sind.

Trotz insoweit also unterschiedlicher Ansätze spricht der Grundgedanke, dass aufgrund von Gerechtigkeits- und Billigkeitsgesichtspunkten selbst eine Durchbrechung der Rechtskraft im Einzelfall ermöglicht werden soll, dafür, die Angreifbarkeit eines Beendigungsbeschlusses zu bejahen.

(cc) Prozessvergleich

Der Prozessvergleich im ordentlichen Verfahren kommt im Wege der Protokollierung durch das Gericht oder im Wege eines Beschlusses gemäß § 278 VI ZPO zustande. In der Praxis beruht gerade der Vergleichsbeschluss nach § 278 VI ZPO in aller Regel auf Formulierungen, welche die Parteien untereinander abgestimmt haben und vom Gericht so auch übernommen werden.

Unter diesem Blickwinkel ähneln der Schiedsspruch mit vereinbartem Wortlaut und der Beendigungsbeschluss diesem Verfahren, wobei der Beendigungsbeschluss nur auf die Initiative der Parteien zurückgeht, aber keine inhaltliche Regelung zum Streitgegenstand trifft. Der Streit um die Wirksamkeit eines Prozessvergleiches wird durch Fortsetzung des alten Verfahrens ausgetragen. Die Partei, die den Vergleich für unwirksam hält, beantragt mit dieser Begründung die Anberaumung eines Termins.[358]

In dieser Konstellation können die Parteien nicht darüber disponieren, ob das alte Verfahren fortzusetzen ist oder nicht, die Fortsetzung des alten Verfahrens ist aus verfahrensrechtlichen Gründen zwingend. Ergibt die Fortsetzung des alten Verfahrens die Wirksamkeit des Vergleiches wird diese rechtskräftig festgestellt, was zur Unangreifbarkeit der in ihm enthaltenen Regelungen führt und es ausschließt, die materiell-rechtliche Unwirksamkeit des Vergleiches in einem neuen Verfahren geltend zu machen.[359]

Die verfahrensrechtliche Vorgehensweise bei der Geltendmachung der Unwirksamkeit eines Vergleiches resultiert maßgebend aus der Doppelnatur des Prozessvergleiches und ist unter dieser Betrachtungsweise nicht auf den

---

358 *Sprau,* in: Palandt, BGB, § 779 Rn. 31.
359 *Sprau,* in: Palandt, BGB, § 779 Rn. 31.

Beendigungsbeschluss übertragbar, immerhin lässt sich aber entnehmen, dass ein prozessrechtliches Ergebnis auch dann angreifbar ist, wenn es von den Parteien selbst mittels eines Vergleiches hergestellt wurde.

(dd) Übereinstimmende Erledigungserklärung nach § 91 a ZPO

Die Vereinbarung über die Beendigung des Verfahrens ähnelt der übereinstimmenden Erledigungserklärung nach § 91 a ZPO.[360]

Die Anwendung des § 91 a ZPO setzt voraus, dass sich der Rechtsstreit in der Hauptsache erledigt hat. Ein erledigendes Ereignis kann auch der Abschluss eines Vergleiches außerhalb des Verfahrens sein.[361]

Die Nähe zu § 1056 II 2 ZPO liegt auf der Hand. Unterschiedlich ist, dass die übereinstimmende Erklärung beider Parteien als Bewirkungshandlung bereits das Ende der Rechtshängigkeit der Hauptsache bewirkt, die nur im Kostenpunkt anhängig bleibt. Über diese entscheidet das Gericht durch Beschluss nach § 91 a ZPO.[362] Haben die Parteien übereinstimmende Erledigungserklärungen abgegeben, muss das Gericht nach § 91 a ZPO verfahren und darf nicht prüfen, ob tatsächlich ein Fall der Erledigung vorliegt.[363]

Der allein zu erlassende (Kosten-)Beschluss nach § 91 a ZPO entfaltet keine materielle Rechtskraft hinsichtlich der erledigten Hauptsache, über die nicht entschieden wurde, sodass der Rechtsstreit vom Kläger wieder erneuert werden kann.[364]

Gegen den Kostenfestsetzungsbeschluss ist die sofortige Beschwerde nach § 567 I 1 ZPO statthaft.

Der Ersterklärende kann seine Erklärung bis zur Zustimmung der anderen Partei widerrufen oder anfechten, danach nicht mehr. Die auch vertretene Meinung, die Parteien könnten bis zum Erlass der Kostenentscheidung die Wirkungen ihrer Erledigungserklärungen einvernehmlich wieder beseitigen, widerspricht dem Grundsatz, dass Bewirkungshandlungen unwiderruflich sind.[365]

---

360 *Gerstenmaier*, Beendigung des Schiedsverfahrens durch Beschluss nach § 1056 ZPO, SchiedsVZ 2010, S. 281 (284) unter Hinweis auf die *Begr. RegE* zu § 1056 ZPO, BT-Drucks. 13/5274, S. 57.

361 *Althammer*, in: Zöller, ZPO, § 91 a, Rn. 58, Stichwort: Vergleich.

362 *Hausherr*, in: Prütting/Gehrlein, ZPO, § 91 a, Rn 25; *Althammer*, in: Zöller, ZPO, § 91 a, Rn. 9.

363 *Hausherr*, in: Prütting/Gehrlein, ZPO; § 91 a, Rn. 25; *Althammer*, in: Zöller, ZPO, § 91 a, Rn. 12.

364 *Althammer*, in: Zöller, ZPO, § 91 a, Rn. 31.

365 BGH NJW 2013, 2686 Rn. 7; *Flockenhaus*, in Musielak/Voit, ZPO, § 91 a Rn. 16.

Etwas anderes soll nur dann gelten, wenn ein Restitutionsgrund vorliegt. Im Falle des Vorliegens eines Restitutionsgrundes sind auch Prozesshandlungen widerruflich. Das gilt auch für Erledigungserklärungen.[366]

Selbst im Falle der übereinstimmenden Erledigungserklärungen ist somit die Fortsetzung des alten Verfahrens nicht ausgeschlossen. Sehen die Parteien das erledigende Ereignis in einem Vergleich, der sich später als unwirksam erweist, sollten für die Erledigung die gleichen Grundsätze gelten wie für den Prozessvergleich.

(ee) Grundsätze des Restitutionsverfahrens

Mit der Wiederaufnahme des Verfahrens nach §§ 578 ff. ZPO wurde ein Mechanismus geschaffen, welcher es ermöglicht, ein rechtskräftiges Endurteil unter Durchbrechung der Rechtskraft aufzuheben.

Die durch die Rechtskraft bewirkte Rechtssicherheit und das Vertrauen der Parteien in den Bestand des Urteils werden aufgrund schwerer Verfahrensmängel oder gravierender inhaltlicher Fehler durchbrochen. Diese Durchbrechung ist jedoch nur in besonderen Ausnahmefällen möglich, die Restitutionsklage dient der Herstellung der Gerechtigkeit und der Billigkeit in Fällen, in denen die Grundlagen eines Urteils in einer Weise erschüttert sind, dass an diesem nicht festgehalten werden kann.[367]

Auch im Rahmen der Erwägungen über die Reichweite der Aufhebungsklage nach § 1059 ZPO sind die Restitutionsgrundsätze zu diskutieren. Nach § 1041 Nr. 6 ZPO aF stellte das Vorliegen eines Restitutionsgrundes ausdrücklich einen Aufhebungsgrund dar.[368] Im Rahmen der Fortentwicklung der ZPO ist der ausdrücklich auf die Restitutionsgründe verweisende Aufhebungsgrund im verfahrensrechtlichen ordre public aufgegangen[369]. Liegt ein Restitutionsgrund vor, ergibt sich die Aufhebung nach § 1059 ZPO nunmehr aus einem Verstoß gegen den verfahrensrechtlichen ordre public.

Unabhängig davon welcher der Restitutionsgründe im Einzelfall heranzuziehen wäre, ist im Einzelfall zu prüfen, ob das Vorliegen eines Restitutionsgrundes grundsätzlich geeignet ist, die Aufhebbarkeit eines Beendigungsbeschlusses als Folge eines Vergleiches zu begründen.

---

366 BGH NJW 2013, 2686 Rn 7; *Flockenhaus*, in Musielak/Voit, ZPO, § 91 a Rn. 16.

367 *Musielak*, in: Musielak/Voit, ZPO, § 580 Rn 1.

368 BGH, Beschluss vom 2.11.2000 – III ZB 55/99 in NJW 2001, 373.

369 BT-Drucks 13/5274, S. 59.

Es lässt sich argumentieren, dass der Beendigungsbeschluss als Erscheinungsform geringerer Intensität erst recht aufhebbar sein müsse, wenn dies für alle Schiedssprüche gilt.

Andererseits ist zu bedenken, dass eine Restitution die absolute Ausnahme darstellt und nur im Einzelfall die Rechtskraft einer Entscheidung durchbrochen werden kann. Weil ein Beendigungsbeschluss weniger intensive Folgen hat, dass seine Beseitigung nicht zur Herstellung von Gerechtigkeit und Billigkeit zwingend erforderlich ist.

Der absolute Ausnahmecharakter der Bestimmungen über die Restitution lässt nur schwerlich allgemeine Schlüsse oder Argumente für die Aufhebbarkeit von Beendigungsbeschlüssen nach einem unwirksamen Vergleich zu. Anklänge an das Restitutionsrecht ergeben sich aber sicherlich dann, wenn der Vergleich aus Gründen zustande gekommen ist, die bei einem Urteil revisionsfähig wären, etwa in dem Fall der Erschleichung des Vergleichs durch eine Täuschung.

(b) Bewertung

Der Überblick der vorgenannten prozessualen Mechanismen hat gezeigt, dass es durchaus der gesetzgeberischen Intention entspricht, die Aufhebbarkeit von Entscheidung auch dort zu ermöglichen, wo förmliche Rechtsmittel nicht vorgesehen oder ausgeschöpft sind.

Tendenziell kann der Standpunkt, Beendigungsbeschlüsse müssten aufhebbar sein, also auch auf die untersuchten prozessualen Mechanismen gestützt werden.

(6) Internationale Ansätze in Bezug auf die Aufhebungsfähigkeit eines Beendigungsbeschlusses

Soweit man auch auf internationaler Ebene davon ausgeht, dass ein Beendigungsbeschluss unter den Begriff des Schiedsspruches gefasst werden kann, ist weiter zu fragen, ob dieser auch international als aufhebungsfähig angesehen wird, ob sich abweichende Aufhebungsmechanismen für einem Beendigungsbeschluss entsprechende Entscheidungen auffinden lassen oder ob es sogar Aufhebungsformen für solche Entscheidungen gibt, die keinen Schiedsspruch darstellen.

Im Folgenden soll untersucht werden, inwieweit das Modellgesetz und die führenden Schiedsinstitutionen, sowie die nationalen Gesetzgeber entsprechende Regelungen geschaffen oder Praxen etabliert haben.

(a) Das Modellgesetz und die Schiedsinstitutionen

Ansatzpunkt vieler Normierungen ist auch insoweit zunächst das Modellgesetz. Nach diesem besteht die Möglichkeit, das Verfahren mittels eines

Beendigungsbeschlusses zu beenden. Ein entsprechender Beschluss soll allerdings unanfechtbar sein.[370]

Aufgrund der Vorbildfunktion des Modellgesetzes erscheint die Befürwortung der Aufhebbarkeit des Beendigungsbeschlusses also zunächst als kritisch. Ein Blick auf die führenden Schiedsinstitutionen öffnet einen gemischten Eindruck:

Ein Beendigungsbeschluss ist auch in den Regelungen des London Court of International Arbitration vorgesehen. In Art. 26 VIII LCIA Rules, welcher auch den Schiedsspruch mit vereinbartem Wortlaut normiert, wird ferner bestimmt, dass die Parteien, soweit sie einen entsprechenden Schiedsspruch nicht beantragen wollen, dem Schiedsgericht ihre einvernehmliche Einigung schriftlich bestätigen können. Soweit dies geschieht, wird das Schiedsgericht von seinen Aufgaben entbunden und das Verfahren wird vorbehaltlich der Zahlung gegebenenfalls entstandener Prozesskosten beendet.

Art. 33 der ICC Rules sehen eine Entscheidungsform vergleichbar mit einem Beendigungsbeschluss indirekt vor. Indem normiert ist, dass das Verfahren nach einem Vergleich der Parteien mit einem Schiedsspruch beendet werden sollte („shall"), soweit die Parteien dies beantragen und das Schiedsgericht auch zustimmt dies zu tun, bleibt Raum für den Fall, dass dies nicht geschieht. Der *„consent award"* wird in diesem Zusammenhang als formellere Variante der Beendigung im Vergleich zu einer *„declaration of cloruse of proceedings"* beschrieben.[371]

Die schweizerischen institutionellen Schiedsregeln sehen eine Normierung hinsichtlich der Beendigung eines Schiedsverfahrens mittels eines Beschlusses nicht vor.[372]

Die schwedischen SCC-Rules normieren die Beschlussformen und ihre Voraussetzungen nicht ausdrücklich. In Art. 35 der SCC-Rules werden lediglich ihre Entscheidungsvoraussetzungen normiert. *Öhrström* geht jedoch davon aus, dass entsprechend dem schwedischen staatlichen Schiedsverfahrensrecht auch solche Entscheidungen als Schiedsspruch aufgefasst werden können, welche das Verfahren zwar beenden, jedoch nicht klar in der Form eines Schiedsspruchs erlassen

370 *Calavros*, Das UNCITRAL-Modellgesetz über die internationale Handelsschiedsgerichtsbarkeit, S. 144; darauf verweisend auch *Hausmaninger*, in: Fasching, Kommentar zu den Zivilprozessgesetzen, § 608, Rn. 6.

371 *Reiner/Aschauer*, in: Schütze, Insitutional Arbitration, Art. 32 ICC Rules (a.F.) Rn 654.

372 *Elsing*, in: Böckstiegel/Kröll/Nacimiento: Arbitration in Germany, Teil 3: DIS-Regeln, § 39 Rn. 10.

werden. Ausdrücklich soll seiner Meinung nach darunter auch eine Entscheidung fallen, welche das Verfahren aufgrund eines Vergleiches der Parteien beendet.[373] In Konsequenz sollte eine entsprechende als Schiedsspruch aufzufassende Entscheidung auch aufhebbar sein. Übertragen auf die hier zu prüfende Fragestellung kann dieser Ansatz ein Argument zugunsten der Aufhebbarkeit sein.

(b) Englisches Prozessrecht

Nach Section 51 des English Arbitration Act beendet das Schiedsgericht nach einem Vergleich der Parteien das Verfahren; falls dies von den Parteien beantragt wird, mittels eines Schiedsspruches. Der bloße Vergleichsabschluss der Parteien führt lediglich zu einer vertraglichen Einigung, aber damit einhergehend auch der Beendigung des Verfahrens.[374]

Das englische Verfahrensrecht bestimmt, dass eine Entscheidung der Parteien im Bezug auf die konkrete Entscheidungsform des Schiedsgerichtes nicht nur für einen Schiedsspruch, sondern auch für den Erlass einer consent order erforderlich ist. [375]

Eine klare Abgrenzung der Entscheidungsformen ist im englischen Recht insbesondere auch deshalb erforderlich, weil die Eingriffsmöglichkeiten der staatlichen Gerichte, darunter die Aufhebbarkeit der jeweils betroffenen Entscheidung von dieser Einordnung abhängt.

Rein prozessuale Beschlüsse unterliegen nach englischem Schiedsverfahrensrecht nicht der Aufhebung. Allerdings werden im englischen Recht unter Umständen Entscheidungen als Schiedsspruch bewertet, welche andere Jurisdiktionen als Beschluss einordnen würden.[376]

So sind die Entscheidungsformen, welche zur Beendigung eines Schiedsverfahrens nach einem Vergleich der Parteien nach englischem Recht in Betracht kommen, genauer zu untersuchen. Insbesondere sind Ausgestaltung und Rechtsfolgen der consent order als Beschlussform neben einem Schiedsspruch von Interesse.

(aa) Aufhebbarkeit einer consent order

Zur Formalisierung des Vergleichsinhaltes kann das Schiedsgericht eine consent order oder einen Schiedsspruch erlassen.[377]

---

373 *Öhrström*, in: Schütze, Institutional Arbitration, SCC Rules, Art. 35 Rn. 178, S. 845.

374 *Foskett*, The Law and Practice of Compromise, S. 562 Rn. 32-03.

375 *Foskett*, The Law and Practice of Compromise, S. 561 (562), Rn. 32-02,05.

376 *Tweeddale/Tweeddale*, Arbitration of Commercial Disputes, S.328, Rn 10.22, 10.23.

377 *O´Hare/Browne*, Civil Litigation, S. 562 Rn. 34.005.

Die Entscheidungsform der consent order kann nach einem Vergleich der Parteien sowohl im staatlichen Zivilverfahren, als auch im Schiedsverfahren ergehen; die grundsätzlichen Prinzipien sind als übereinstimmend anzusehen.[378]

Im Rahmen eines Vergleichsschlusses ist ferner zu beachten, dass einem Gericht nach englischem Recht mit Abschluss eines Vergleiches durch die Parteien grundsätzlich die Entscheidungsgrundlage und so auch die Zuständigkeit entzogen wird, da es keinen Streitpunkt mehr zu lösen gibt.[379] Auch für den Erlass einer consent order ist mithin ein entsprechender ausdrücklicher Wille durch die Parteien zu äußern.

Eine consent order umfasst den Inhalt des zwischen den Parteien geschlossenen Vergleiches. Anders als aus dem bloßen Vergleichsvertrag der Parteien kann aus der gerichtlichen consent order unmittelbar die Vollstreckung betrieben werden.[380] Sie verfügt über eine Bindungswirkung, welche nur im Wege eines Aufhebungsverfahrens wieder zu beseitigen ist.[381]

Die Beschlussform der consent order unterliegt nach englischem Recht in allen in Betracht kommenden Konstellationen der Aufhebbarkeit durch die staatlichen Gerichte.

(bb) Sonderform der Tomlin order

Das englische Zivilprozessrecht umfasst weiterhin eine spezielle Form einer consent order, die Tomlin order, welche zusätzliche Kriterien erfordert.[382] Der als Tomlin order bekannte Mechanismus führt bei einem Vergleichsschluss der Parteien zum Aussetzen des Verfahrens. Dies geschieht jedoch unter der Bedingung, dass die Parteien den zur Lösung ihres Konflikts ausgehandelten Vergleichsinhalt einhalten. Soweit dies nicht geschieht und erneut Streitigkeiten entstehen, wird das ursprüngliche Verfahren fortgeführt.

Insbesondere kommt eine Tomlin order auch dann in Betracht, wenn die Einigung der Parteien Umstände umfasst, welche das Gericht nicht festsetzen könnte.[383] Eine solche Order umfasst sowohl den Vergleich der Parteien als auch

---

378 *Foskett*, The Law and Practice of Compromise, S. 561 Rn. 32-02.

379 *Foskett*, The Law and Practice of Compromise, S. 562 Rn. 32-05.

380 *Blake/Browne/Sime*, A Practical Approach to Alternative Dispute Resolution S. 352 Rn. 23-38.

381 *Foskett*, The Law and Practice of Compromise, S. 120 Rn. 6-20.

382 *Blake/Browne/Sime*, A Practical Approach to Alternative Dispute Resolution S. 355 Rn. 23-46.

383 *O´Hare/Browne*, Civil Litigation, S. 563 Rn. 34.006.

einen Plan nach welchem die Vereinbarungen umgesetzt werden sollen. Den Parteien soll im Rahmen dieses Verfahrens die Möglichkeit gegeben werden, die Vereinbarungen, soweit diese nicht eingehalten werden, vor dem Gericht durchzusetzen, ohne, dass ein erneutes Verfahren erforderlich ist.

Ob die Regelung der Tomlin order jedoch neben zivilrechtlichen Verfahren auch auf Schiedsverfahren Anwendung finden kann ist umstritten.

Während *Blake/ Browne/ Sime* die Systematik der Tomlin order im Rahmen ihrer Ausführungen zu den alternativen Streitbeilegungsformen ohne weiteren Hinweis darstellen,[384] verneint *Foskett* ihre Anwendung auf die Schiedsgerichtsbarkeit.[385] Er begründet dies damit, dass die Tomlin Order vor allem auf eine erleichterte Vollstreckbarkeit der zwischen den Parteien getroffenen Vereinbarungen abziele. Ein Schiedsgericht werde aber gerade zur Lösung einer Streitigkeit konstituiert und sei zur selbstständigen Vollstreckung von Entscheidungen nicht befähigt.

(cc) Vergleichbarkeit der Entscheidungsformen mit dem deutschen Beendigungsbeschluss

Es könnte eine Vergleichbarkeit von consent order und Beendigungsbeschluss in Betracht kommen, auch wenn eine consent order den Inhalt des Vergleichs darstellt, ähnlich dem Schiedsspruch mit vereinbartem Wortlaut, während der Beendigungsbeschluss lediglich die Beendigung des Schiedsverfahrens als Folge des Vergleichsschlusses erklärt.

Das englische Recht unterscheidet im Hinblick auf die Aufhebbarkeit nicht zwischen beiden Entscheidungsformen.

Die Tomlin order zeigt einen sehr praktikablen Weg im Umgang mit Vergleichen der Parteien auf. Die Möglichkeit, ein Schiedsverfahren aufgrund eines Vergleiches mit der Maßgabe zu unterbrechen, es unter Umständen fortzusetzen entspricht dem Ansatz, für den Beendigungsbeschluss eine Aufhebungsmöglichkeit zu fordern.

Auch wenn in diesem Zusammenhang die Aufhebung eines Beschlusses selbst nicht erforderlich ist, lässt sich daraus folgern, dass auch im englischen Recht die Fortführung eines im Vorfeld des Vergleichs begonnenen Verfahrens als angemessen und zweckmäßig bewertet wird. *Foskett* vertritt in diesem Zusammenhang, dass ein völlig neues Verfahren unter diesen Umständen eine „*Perversion*"

---

384 *Blake/Browne/Sime,* A Practical Approach to Alternative Dispute Resolution S. 355 Rn. 23-46 ff.

385 *Foskett,* The Law and Practice of Compromise, S. 564 Rn. 32-08.

des Vergleichsrechts darstelle und ein solches nicht nur hinderlich sei, sondern auch eine ungerechtfertigte Verzögerung auslöse.[386]

(c) Französisches Prozessrecht

Für den Fall, dass man den Beendigungsbeschluss dem, seitens *Poudret/Besson* dargestellten, Prozessschiedsspruch gleichstellt, wäre ein solcher auch aufhebbar. Andererseits führen sie auch hinsichtlich einer „procedural order", ob sie nun Beschlüsse oder gerichtliche Verfügungen umfassen mag, aus, dass diese, in Abhängigkeit der konkreten Umstände, widerrufbar oder abänderbar wären.[387]

Das Aufhebungsverfahren ist ihrer Ansicht nach aber jedenfalls an die Einordnung einer Entscheidung als Schiedsspruch zu knüpfen, wobei diese Einordnung unter Betrachtung der Rechtsprechung in unterschiedlichem Ausmaß vorgenommen werde. Der *Cour de Paris* habe die Einordnung einer Entscheidung als Schiedsspruch und damit ihre Aufhebbarkeit zu extensiv bejaht. Insoweit ist festzustellen, dass eine konkrete Prognose der Aufhebbarkeit einer Entscheidung mit prozessualem Bezug auf der Grundlage französischen Rechts schwerlich zu treffen ist.

Da darüber hinaus konkrete Normierungen eines Beendigungsbeschlusses aufgrund bestimmter Umstände wie etwa im Falle eines Vergleichsabschluss oder auch die Normierung eines Schiedsvergleiches im Code de Procédure Civile jedoch gänzlich fehlen, erscheint eine vergleichende Heranziehung des französischen Prozessrechts, welche über die vorangehenden Erwägungen hinaus geht, für die hier in Rede stehende Fragestellung nicht möglich.

(d) Schweizerisches Prozessrecht

Wegen der differenzierten Betrachtung der nationalen und internationalen Schiedsverfahren im schweizerischen Recht ist unter Umständen auch im Hinblick auf Entscheidungsformen und ihre Aufhebbarkeit eine Differenzierung erforderlich.

Die Aufhebungsmöglichkeiten der jeweiligen Entscheidungsformen richten sich nach der Anwendbarkeit des nationalen bzw. internationalen Schiedsrechts.

In beiden Bereichen ist das Rechtsmittel der Beschwerde normiert. Während das KSG in Art. 34 die Nichtigkeitsbeschwerde vorsieht, regelt das IPRG die Beschwerde in Art. 190. Die Normen weisen vergleichbar § 1059 ZPO einen

386 *Foskett*, Law and Practice of Compromise, S. 174, 9-22.

387 Vgl. dazu schon V. 3. c) aa) (4) (b), sowie *Poudret/Besson*, Comparative Law of International Arbitration, S. 638 f., Rn. 728.

vielfältigen Katalog von Aufhebungsgründen auf, von welchen einige auch auf Entscheide, welche aufgrund eines Vergleiches ergingen, passen. Vorliegend ist vor allem der Umfang des möglichen Aufhebungsgegenstandes relevant und soll daher vorrangig thematisiert werden. Ob der Abschreibungsbeschluss vergleichbar dem deutschen Beendigungsbeschluss unter schweizerischem Recht aufgehoben werden kann, ist anhand der jeweils einschlägigen Normen zu bewerten.

Die für internationale Schiedsverfahren einschlägige Norm Art. 190 IPRG regelt ihrem Wortlaut nach die Aufhebung von endgültigen Entscheiden, aber auch Vorentscheiden. Die Aufhebbarkeit von Beschlüssen, insbesondere des Abschreibungsbeschlusses, wird hingegen nicht ausdrücklich normiert. Da Art. 190 IPRG die Anfechtung jeglicher Art von Entscheiden zulässt, ist aber davon auszugehen, dass eine Anfechtbarkeit unabhängig von formellen Unterschieden normiert werden sollte und deshalb auch der Abschreibungsbeschluss dem Begriff des Entscheids in diesem Zusammenhang unterfällt.[388]

Dies lässt sich vor allem mit der Aufhebbarkeit der Vorentscheide begründen. Der ausdrücklich breit gefasste Aufhebungsmechanismus strebt eine umfassende Aufhebungsmöglichkeit an und soll alle Teil-, Zwischen- und Vorabentscheide umfassen, unabhängig davon, ob sie einen prozessualen oder materiellen Gegenstand umfassen.[389]

Unter Umständen könnte sich aus dieser Argumentation für die Aufhebung von Abschreibungsbeschlüssen ergeben, dass auch diese nur unter den Restriktionen des Art. 190 III IPRG aufhebbar sind. Die Aufhebbarkeit von Vorentscheiden ist auf unrichtige Zusammensetzung des Schiedsgerichts und dessen mangelnde Zuständigkeit begrenzt.

Indem der Abschreibungsbeschluss aber gerade die Beendigung eines Verfahrens bewirkt und in seiner Funktion daher einem Endentscheid nähersteht, soll von einer solchen Einschränkung nicht ausgegangen werden. Vielmehr müsste, unter Betrachtung des gesamten Aufhebungskataloges des Art. 190 IPRG, erwogen werden, welche Gründe die Aufhebung einer Entscheidung die aufgrund eines Vergleiches der Parteien ergangen ist, rechtfertigen können.

Eine andere Wertung wird verstärkt im nationalen Recht vertreten. Auf den Schiedsspruch mit vereinbartem Wortlaut soll die Nichtigkeitsbeschwerde anwendbar sein, auf andere Schiedsentscheide jedoch nicht, was dann auch für den Abschreibungsbeschluss gelten würde.

---

388 *Wiget*, Vergleich, Klageanerkennung und Klagerückzug vor Schiedsgerichten, S. 90.

389 *Müller*, International Arbitration - A Guide to the Complete Swiss Case Law (Unreported and Reported), S. 141.

Über einen unwirksamen Vergleich, auf welchen ein Abschreibungsbeschluss erlassen würde, solle vielmehr in einem neuen Prozess entschieden werden, wobei die Abrede der Schiedsgerichtsbarkeit weiterhin gültig sei.[390]

Eine andere Ansicht vertritt *Wiget*, welcher die Aufhebbarkeit beider Entscheidungsformen entgegen der herrschenden Ansicht fordert, da die Wirkungen eines Schiedsentscheides unabhängig von dessen formeller Ausgestaltung einträten.[391] Hierzu ist allerdings zu beachten, dass nach Auffassung von *Wiget* auch ein Abschreibungsbeschluss materielle Rechtskraft haben soll. In Fortführung dieses Gedankens ist es konsequent, wenn er das Aufhebungsverfahren, welches für alle materiell rechtskräftigen Entscheidungen in Betracht kommt, auf den Abschreibungsbeschluss anwendet, ohne dass für die hier zu untersuchende Problematik etwas gewonnen wäre.

Auch wenn eine umfassende Aufhebbarkeit so nur im Rahmen von internationalen Schiedsverfahren festgestellt werden kann, lässt sich im schweizerischen Recht insgesamt doch eine Tendenz ausmachen, verfahrensbeendende Beschlüsse der Aufhebbarkeit zu unterstellen. Das ergibt sich aus einem breiten Verständnis der jeweiligen rechtlichen Ausgestaltungen von Entscheidungen und daraus folgend einer flexiblen Gestaltung der Verfahrensgänge.

(e) Schwedisches Prozessrecht

Es wurde bereits diskutiert, inwieweit der Beendigungsbeschluss als Entscheidung im Sinne des Art. 27 I 2 Swedish Arbitration Act darstellt.[392] Diese Einordnungsfragen sind bedeutsam für den im schwedischen Recht geltenden Aufhebungsmechanismus.

Dabei wurde der Beendigungsbeschluss als vergleichbar einer Entscheidung im Sinne des Art. 27 I 2 Swedish Arbitration Act eingeordnet. Ausdrücklich bestätigt wurde dies von Öhrström, der die Situation der Verfahrensbeendigung aufgrund eines Vergleiches, aber Grundlage einer Entscheidung in diesem Sinne bezeichnet.[393] Für die Schiedssprüche im Sinne dieser Norm stellt das schwedische Recht einen besonderen Aufhebungsgrund in Titel 36 I des Swedish Arbitration Act zur Verfügung.

---

390 *Berger/Kellerhals*, Internationale und interne Schiedsgerichtsbarkeit in der Schweiz, S. 506 Rn. 1434.

391 *Wiget*, Vergleich, Klageanerkennung und Klagerückzug vor Schiedsgerichten, S. 89.

392 Siehe dazu V. 3. c) (4) (d).

393 *Öhrström*, in: Schütze, Institutional Arbitration, SCC Rules, Art. 35 Rn. 178, S. 845.

Auch wenn es sich dabei dem Wortlaut nach ebenso um eine Aufhebungsmöglichkeit für eine Form eines Schiedsspruches handelt, wird damit ein Institut normiert, dass die Aufhebung einer Entscheidung des Schiedsgerichtes durch die staatliche Gerichtsbarkeit ermöglicht, welche nach deutschem Recht als Beendigungsbeschluss erlassen würde.[394] Über die grundsätzlich für Schiedssprüche geltende Aufhebungsnorm hinaus wurde mithin ein weiterer Aufhebungstatbestand für die Entscheidungen im Sinne von Art. 27 I 2 Swedish Arbitration Act geschaffen.

Auf der Grundlage von Art. 36 Swedish Arbitration Act wird ein Verfahren vor dem staatlichen Gericht geführt, welches die Entscheidung ganz oder teilweise abändern kann.[395] Dabei kann das Gericht nicht nur über den Umstand auf deren Grundlage die erfolgte Entscheidung ergangen ist (beispielsweise den Vergleich der Parteien), sondern auch über den Streitgegenstand des vorangegangen Verfahrens entscheiden.[396]

Das schwedische Recht sieht einen großen Umfang von Entscheidungen vor, die ihrer Qualität nach als Schiedsspruch aufgepasst werden sollen und stellt auch spezifische Verfahrensgestaltungen zur Verfügung.

(f) Internationaler Konsens

Anders als im Rahmen des Schiedsspruches mit vereinbartem Wortlaut lässt sich für die das Verfahren beendenden Beschlüsse international keine vereinheitlichte Form feststellen.

Neben der allgemein auffindbaren Normierung des Schiedsspruches mit vereinbartem Wortlaut, der in allen Jurisdiktionen auf Antrag der Parteien ergehen soll, ist vielfach nicht ausdrücklich geregelt, wie das Verfahren zu Ende geführt wird, wenn es an einem solchen Antrag fehlt.

Die Betrachtung des Modellgesetzes spricht gegen die Aufhebbarkeit eines Beendigungsbeschlusses, die vielmehr ausdrücklich abgelehnt wird. Stellt man darauf ab, dass das Modellgesetz Vorbild für diverse Schiedsordnungen und Schiedsverfahrensgesetze ist, könnte man annehmen, international ließen sich jedenfalls keine Argumente für die Aufhebbarkeit finden.

Einschränkend muss jedoch beachtet werden, dass diese Wertung nicht pauschal auf den Beendigungsbeschluss auf der Grundlage eines Vergleiches

---

394 *Söderlund*, Vergleichender Überblick zur Schiedsgerichtsbarkeit in Deutschland, England, Russland und Schweden, SchiedsVZ 2004, S. 130.

395 *Anderrson/Isaksson/Johansson/Nilsson*, Arbitration in Sweden, 49.14, S. 179.

396 *Madsen*, Commercial Arbitration in Sweden, Sec. 36, S. 302.

übertragen werden kann. Der Frage nach der Aufhebbarkeit voranzustellen ist die Prüfung, welche Entscheidungsqualität der Entscheidung zukommt, die das Schiedsverfahren ohne Schiedsspruch beendet.

Ob die zu überprüfende Entscheidung als Beschluss oder als Schiedsspruch bezeichnet wird, ist dabei nicht entscheidend.

Zumindest wird die Beendigungsentscheidung als konstitutiv angesehen und wohl auch als Beschluss bezeichnet, deren konkrete Ausgestaltung, insbesondere Entscheidungsqualität, die zu stellenden Anforderungen und das Vorhandensein von Aufhebungsmechanismen sind aber ungeklärt.

Bei einem Blick auf die internationale Perspektive scheint die Ansicht zu überwiegen, dass grundsätzlich nur Schiedssprüche aufgehoben werden können. So wird etwa nationalen schweizerischen Recht die Aufhebung sogar abgelehnt. Nach internationalem schweizerischem Recht scheint sie dagegen denkbar, ebenso wie im englischen Recht, jeweils wiederum in Abhängigkeit davon, welche rechtliche Qualifikation man dieser Entscheidung zuordnet.

Gerade weil die konkrete Ausgestaltung und rechtliche Qualifikation von Beendigungsentscheidungen, die nach einem Vergleich der Parteien ohne Schiedsspruch mit vereinbartem Wortlaut ergehen, nicht eindeutig geregelt sind, lassen sich aus internationalen Bestimmungen nur schwer Argumente für die Aufhebbarkeit von Beendigungsbeschlüssen ableiten.

Das gilt insbesondere unter Berücksichtung des Umstandes, dass Beendigungsentscheidungen teils als Beschlüsse und teils als Schiedssprüche bezeichnet werden, ohne dass aus der jeweiligen Begrifflichkeit Rückschlüsse auf deren Qualität als angreifbarer konstitutiver Akt gezogen werden könnten. Deshalb ist es möglich, dass als Beschlüsse bezeichnete Entscheidungen in Wirklichkeit Schiedssprüche sind oder jedenfalls im Einzelnen wie Schiedssprüche bezeichnet werden sollten.[397]

Auch international lässt sich daher ein Klärungsbedarf nachweisen, sodass sich aus der internationalen Perspektive keine Rückschlüsse auf die diskutierte nationale Problemstellung ergeben.

cc) Vorliegen eines Aufhebungsgrundes nach § 1059 II ZPO

Soweit man unter den dargestellten Betrachtungen sowohl die Subsumtion des Beendigungsbeschlusses unter den Begriff des Schiedsspruches als auch dessen

397 *Lew/Mistelis/Kröll*, Comparative International Commercial Arbitration, S. 629 Rn. 24-26.

Aufhebungsfähigkeit bejaht, ist außerdem das Vorliegen eines Aufhebungsgrundes aus § 1059 II ZPO erforderlich.

Eine Aufhebung kommt nur auf der Grundlage des Vorliegens eines der in § 1059 ZPO enumerativ aufgezählten Aufhebungsgründe in Betracht. Es ist also zu prüfen, ob einer der in § 1059 II ZPO aufgezählten Aufhebungsgründe auf den Beendigungsbeschluss angewandt werden können.

In Betracht kommen dabei nur § 1059 II 1d) ZPO und § 1059 II 2b) ZPO. Auf die Konstellation, dass ein Beendigungsbeschluss auf einen unwirksamen Vergleich hin ergeht, sind die anderen Gründe nicht anwendbar. Insoweit gelten die gleichen Grundsätze wie beim Schiedsspruch mit vereinbartem Wortlaut.

(1) Aufhebbarkeit aufgrund von § 1059 II 1 d) ZPO wegen eines Verfahrensfehlers

Parallel zu den bereits im Rahmen des Schiedsspruches mit vereinbartem Wortlaut vorgenommenen Erörterungen könnte der Aufhebungsgrund des § 1059 II 1 d) ZPO herangezogen werden. Dieser wäre seinem Wortlaut nach einschlägig, wenn beim Erlass eines Beendigungsbeschlusses gegen Vorschriften aus dem 10. Buch der ZPO verstoßen worden wäre.

Zunächst ist zu bedenken, welche verfahrensrechtliche Wirkung dem Beendigungsbeschluss zugemessen wird. Die Prüfung hat ergeben, dass der Beendigungsbeschluss ein konstitutiver Akt des Schiedsgerichtes ist. Diese verfahrensrechtlich relevante Wirkung eines Beendigungsbeschlusses führt zur Notwendigkeit seine Fehlerhaftigkeit angreifen zu können.[398]

Für den Schiedsspruch mit vereinbartem Wortlaut war in diesem Zusammenhang zu hinterfragen, ob der Erlass eines solchen bei dem Fehlen eines wirksamen Vergleiches gemäß § 1053 I 2 ZPO verfahrensfehlerhaft sei. Entsprechend ist bei einem Beendigungsbeschluss zu prüfen, ob der Erlass eines solchen einen Verfahrensverstoß gegen § 1056 II 2 ZPO darstellen kann.

Gem. § 1056 II 2 ZPO kann das Schiedsgericht einen Beendigungsbeschluss auf der Grundlage einer entsprechenden Vereinbarung der Parteien erlassen. Fraglich ist, ob gegen diese Regelung verstoßen wird, wenn ein Beendigungsbeschluss auf der Grundlage eines unwirksamen Vergleiches erlassen wird.

398 Soweit man mit der Gegenmeinung von einer rein deklaratorischen Wirkung eines Beendigungsbeschlusses ausgeht (so u.a.: *Voit*, in: Musielak/Voit, ZPO, § 1056 Rn. 5), ist die Anwendbarkeit des Aufhebungsgrundes mangels erheblicher verfahrensrechtlicher Wirkung fraglich.

Anders als beim Schiedsspruch mit vereinbartem Wortlaut erfordert § 1056 II 2 ZPO keinerlei Prüfung der Wirksamkeit der Vereinbarung durch das Schiedsgericht. § 1053 I 2 ZPO knüpft dagegen den Erlass eines Schiedsspruches mit vereinbartem Wortlaut an die Prüfung eines Verstoßes gegen die öffentliche Ordnung.

Weil das Schiedsgericht so also ohne jede Überprüfung allein auf der Grundlage der Erklärungen der Parteien handelt, kann ein Verfahrensfehler bei Unwirksamkeit des Vergleiches nicht angenommen werden. Allenfalls kann ein Rechtsverstoß vorliegen. Der Aufhebungsgrund des § 1050 II 1 d) ZPO kann auf den Beendigungsbeschluss nicht angewandt werden.

(2) Aufhebbarkeit aufgrund von § 1059 II 2 b) ZPO wegen eines Verstoßes gegen den ordre public

Es stellt sich weiterhin die Frage, ob ein mangels Vereinbarung der infolge eines unwirksamen Vergleiches der Parteien ergangener Beendigungsbeschluss mittels des Aufhebungsgrundes nach § 1059 II 2 b) ZPO aufgrund eines Verstoßes gegen den ordre public aufhebbar sein könnte.

Dazu müsste der ergangene Beschluss gegen eine anwendbare Rechtsnorm verstoßen. In Betracht kommt insofern ebenfalls ein Verstoß gegen die Vorschrift des § 1056 II 2 ZPO, welcher feststellt, dass ein Beendigungsbeschluss ergehen soll, *wenn die Parteien die Beendigung des Verfahrens vereinbaren.*

Das Schiedsgericht setzt mit dem Beendigungsbeschluss ohne eigene Prüfung des Inhaltes des Vergleiches, auf dem die Beendigungsentscheidung der Parteien beruht, lediglich Erklärungen der Parteien um. § 1056 II 2 ZPO regelt nichts darüber, aus welchen Gründen und in welcher Form die Parteien zu ihrer Beendigungsentscheidung gekommen sind.

Die Anforderungen an einen Verstoß gegen den ordre public wie sie hier definiert sind,[399] kann nicht vorliegen.

d) Aufhebbarkeit aufgrund eines zu schaffenden Sondertatbestandes

Die Überprüfung hat ergeben, dass die Anwendbarkeit des § 1059 ZPO schon auf Schiedssprüche mit vereinbartem Wortlaut problematisch ist. Nach dem hier vertretenen Verständnis kann § 1059 ZPO auf die Beendigungsbeschlüsse keine Anwendung finden.

---

399 Vgl. dazu IV 2 c) aa).

Gleichwohl hat sich ein Bedürfnis dafür, die Aufhebung möglich zu machen, ergeben.

Die Anforderungen, die an einen neu zu schaffenden Tatbestand zu stellen wären, lassen sich wie folgt zusammenfassen:

aa) Inhaltliche Komponente

Der Sondertatbestand sollte regeln, dass es sich bei dem Beschluss das Verfahren im Anschluss an einen Vergleich der Parteien zu beenden, um einen konstitutiven Akt handelt.

Weiter ist vorzusehen, dass dieser konstitutive Akt der Aufhebung unterliegt, wenn der Vergleich nicht wirksam zustande gekommen war.

Prüfungsgegenstand ist also die Wirksamkeit des Vergleiches als Auslöser für den Beendigungsbeschluss.

bb) Zeitliche Komponente

Die Geltendmachung der Unwirksamkeit eines Prozessvergleiches unterliegt keiner Befristung.

Anders als eine, durch befristete Rechtsmittel angreifbare, Entscheidung, trifft der auf der Grundlage eines Vergleiches ergehende Beendigungsbeschluss keine Sachentscheidung und es ist deshalb nicht erforderlich, zur Herstellung von Rechtssicherheit, eine Frist zu bestimmen, innerhalb derer die Unwirksamkeit geltend zu machen ist.

Die Beendigung ist nur für den Fall „rechtssicher", dass der Streit durch den Vergleich abschließend beigelegt ist, bezüglich dessen aber keine Entscheidung ergangen ist. Der Hauptzweck der zeitlichen Beschränkung von Rechtsmitteln ist auf diese Konstellation nicht anwendbar.

In diesem Zusammenhang ist durchaus auch beachtlich, dass die zeitliche Limitierung der Aufhebungsmöglichkeit der Aufhebungsklage ursprünglich nicht normiert war. Die Befristung hat im Jahr 1998 nach Umsetzung der Modellgesetztes im Rahmen der Neuregelung des 10. Buches der ZPO Einzug in die ZPO gefunden. *Gaul* bezeichnete dies seinerzeit als drastische Begrenzung des Aufhebungsrechts und äußerte sich kritisch gegenüber Stimmen, welche einen Rückgriff auf eine an § 826 angelehnte Schadensersatzklage als ausreichendes Mittel für nunmehr nicht mehr fristgerechte Aufhebungsklagen als ausreichend erachteten.[400]

400 *Gaul*, Die Rechtskraft und Aufhebbarkeit des Schiedsspruchs, S. 293

Gegen die Einführung einer mit § 1059 III ZPO vergleichbaren Frist spricht im Übrigen auch die Rechtslage im Vollstreckbarkeitsverfahren nach § 1060 ZPO.

Bestimmte Aufhebungsgründe können auch nach Ablauf der Frist des § 1059 III ZPO noch zur Aufhebung des Schiedsspruches und zur Ablehnung des Antrages auf Vollstreckbarerklärung führen.

Wenn man der Meinung ist, dass Schiedssprüche mit vereinbartem Wortlaut, die auf einem unwirksamen Vergleich beruhen, einen Aufhebungsfall des § 1059 II 2 ZPO bilden, kann man gemäß § 1060 II ZPO eine Überschreitung der Dreimonatsfrist des § 1059 III ZPO bewirken und den Schiedsspruch über diesen Zeitpunkt hinaus angreifen.

cc) Verfahrensgang

Als zuständiges Gericht bietet sich das Gericht, welches auch im Rahmen der Aufhebungsklage des § 1059 ZPO zuständig wäre, an.

Das Schiedsgericht hat aus seiner Gericht abschließend entschieden und es bedarf deshalb einer Zurückverweisung durch das ordentliche Gericht, um das Schiedsgericht zu einer erneuten Befassung mit der Sache zu veranlassen.

Das ordentliche Gericht befindet über das Vorliegen des Aufhebungsgrundes, der Unwirksamkeit des Vergleiches, und verweist für diesen Fall an das Schiedsgericht zurück, welches nunmehr über den streitgegenständlichen Sachverhalt streitig entscheidet.

Zur Aufrechterhaltung der bis zum Abschluss des Vergleiches bereits eingesetzten Ressourcen ist es dabei erforderlich, dass die Zurückverweisung anders als nach § 1059 IV ZPO immer an das ursprüngliche Schiedsgericht erfolgt.

VI. Schlussbetrachtung

Die Untersuchung hat ergeben, dass ein Bedürfnis für die Einführung eines Sondertatbestandes zur Aufhebung von Beendigungsbeschlüssen besteht.

Zwar ist die Aufhebungsmöglichkeit zumindest in ihrer Intention gesetzlich angelegt: Zum einen verweist § 1056 III ZPO - ohne Beschränkung auf den Schiedsspruch normierenden Absatz 1- auf den sich mit den Rechtsfolgen einer Aufhebung beschäftigenden § 1059 IV ZPO. Zum anderen begründet die in den Art. 19 IV GG und Art. 6 EMRK angelegte Rechtsweggarantie das zwingende Erfordernis der Überprüfbarkeit aller gerichtlichen, auch schiedsgerichtlichen, Entscheidungen.

Die Aufhebungsklage nach § 1059 ZPO bietet keine hinreichenden Anknüpfungspunkte für die Aufhebung eines Beendigungsbeschlusses. Bereits die Anwendung der dort enumerativ aufgezählten Aufhebungsgründe ist Bedenken ausgesetzt. Darüber hinaus ist auch die in dieser Regelung getroffene, zeitlich eng begrenzte Aufhebungsfrist in Bezug auf den Beendigungsbeschluss unpassend.

Im Hinblick auf das geltende Recht wird daher ein Änderungsbedarf angezeigt und die Normierung eines weiteren Aufhebungstatbestandes vorgeschlagen. Dabei erscheint die Inkorporierung eines entsprechenden Tatbestandes in den die Aufhebungsklage normierenden § 1059 ZPO problematisch, da teils abweichende Regelungen zur Diskussion stehen. Empfohlen wird daher ein losgelöster, weiterer Aufhebungstatbestand für Beendigungsbeschlüsse.

Die Aufhebung ist vor allem mit dem Grundsatz der Prozessökonomie zu begründen. Die Fortführungsmöglichkeit des ursprünglichen Verfahrens schafft den Erhalt von Zeit und Kosten der jeweiligen Parteien, deren diesbezügliche Investitionen andernfalls verloren gingen.

Der Sondertatbestand soll vorsehen, dass das ordentliche Gericht über die Aufhebung entscheidet; die Sachentscheidung soll aber durch das ursprüngliche Schiedsgericht getroffen werden. Das ordentliche Gericht soll weder selbst entscheiden noch den Rechtstreit an ein neues Schiedsgericht verweisen können.

Das gilt deswegen, weil es dem Grundsatz der Prozessökonomie entspricht vor dem ursprünglichen Schiedsgericht bereits aufgewandte Ressourcen weiterhin fruchtbar machen zu können.

Die Aufhebung soll zeitlich uneingeschränkt möglich sein. Das bei einer Rechtsmittelfrist grundsätzlich vorrangige Ziel der Rechtssicherheit einer einmal getroffenen Entscheidung besteht bei einem Beendigungsbeschluss nicht. Die Beendigung ist nur auf der Grundlage einer fortbestehenden Einigung „sicher", da andernfalls ohnehin ein neues Verfahren zu dem gleichen Streitgegenstand geführt werden kann.

Literaturverzeichnis

Aden, Menno: Internationale Handelsschiedsgerichtsbarkeit: Kommentar zu den Schiedsverfahrensordnungen ICC – DIS – Wiener Regeln – UNCITRAL – LCIA, 2. Auflage, München 2003.

Andersson, Fredrik/Isaksson, Therese/Johansson, Marcus/Nilsson, Ola, Arbitration in Sweden, Stockholm 2011.

Baumbach, Adolf/Lauterbach, Wolfgang/Albers, Jan/Hartmann, Peter: Zivilprozessordnung, 77. Auflage, München 2019 (zitiert: *Baumbach/Lauterbach/Albers/Hartmann,* ZPO).

Berger, Bernhard/Kellerhals, Franz: Internationale und interne Schiedsgerichtsbarkeit in der Schweiz, Bern 2006.

Berger, Klaus: Integration mediativer Elemente in das Schiedsverfahren, RIW 2001, S. 881 ff.

Berger, Klaus Peter: Neues Schiedsverfahrensrecht in der Praxis, RIW 2001, S. 7 ff.

Besson, Samantha: Arbitration and Human Rights, ASA Bulletin 3/2006, S. 395 ff.

Bilda, Klaus: Beendigung des Schiedsverfahrens durch Vergleich: Probleme des Schiedsspruchs mit vereinbartem Wortlaut, DB 2004, S. 171 ff.

Blackaby, Nigel/ Hunter, Martin J./ Partasides, Constantine/ Redfern, Alan: Redfern and Hunter on International Arbitration, 6. Auflage, Oxford 2015 (Zitiert: Redfern and Hunter on International Arbitration).

Blake, Susan/ Browne, Julie/ Sime, Stuart: A Practical Approach to Alternative Dispute Resolution, 2. Auflage, Oxford 2012.

Böckstiegel, Karl Heinz/Kröll, Stefan/Nacimiento, Patricia: Arbitration in Germany, 2. Auflage, Alphen aan den Rijn 2015 (zitiert: *Bearbeiter,* in: Böckstiegel/Kröll/Nacimiento, Arbitration in Germany).

Bosch, Wolfgang: Rechtskraft und Rechtshängigkeit im Schiedsverfahren, Tübingen 1991.

Bredow, Jens: Schiedsspruch mit vereinbartem Wortlaut – Form und Inhalt, SchiedsVZ 2010, S. 295 ff.

Briner, Robert/von Schlabrendorff, Fabian: Article 6 of the European Convention on Human Rights, in: *Briner, Robert/Fortier, L. Yves/ Berger Klaus Peter/ Bredow,* Jens: Recht der Internationalen Wirtschaft und Streiterledigung im 21. Jahrhundert, Liber Amicorum Karl Heinz Böckstiegel, Köln 2001, S. 89 (zitiert: *Briner/von Schlabrendorff,* Liber Amicorum Karl Heinz Böckstiegel).

Bühler, Michael/Webster, Thomas: Handbook of ICC Arbitration – Commentary, Precedents, Materials, 2. Auflage, London 2008.

Busse, Daniel: Der Schiedsvergleich als verfahrensrechtliche Falle, SchiedsVZ 2010, S. 57 ff.

Calavros, Constantin: Das UNCITRAL-Modellgesetz über die internationale Handelsschiedsgerichtsbarkeit, Bielefeld 1988.

Delvolvé, Jean-Louis/Pointon, Gerald H./Rouche, Jean: French Arbitration Law and Practice, A Dynamic Civil Law Approach to International Arbitration, 2. Auflage, Alphen aan den Rijn 2009.

Dendorfer, Renate: Aktives Vergleichsmanagement – Best Practice oder Faux pas schiedsrichterlicher Tätigkeit?, SchiedsVZ 2009, S. 276 ff.

Eckstein-Puhl: Prozessbetrug im Schiedsverfahren, Frankfurt 2005.

Fasching, Hans: Kommentar zu den Zivilprozessgesetzen, 4. Band, 2. Teilband, 2. Auflage, Wien 2007.

Foskett, David: The Law and Practice of Compromise, 7. Auflage, London 2010.

Fouchard, Philippe/Gaillard, Emmanuel/Goldman, Berthold: On International Commercial Arbitration, Den Haag 1999.

Frische, Tobias: Verfahrenswirkungen und Rechtskraft gerichtlicher Vergleiche – Nationale Formen und ihre Anerkennung im internationalen Rechtsverkehr, Heidelberg 2006.

Gaul, Hans Friedhelm: Die Rechtskraft und Aufhebbarkeit des Schiedsspruchs, in: *Berger, Klaus Peter/ Ebke, Werner F./ Elsing, Siegfried/ Großfeld, Bernhard/ Kühne, Gunther:* Festschrift für Otto Sandrock, Heidelberg 2002, S. 285 ff.

Gerstenmaier, Klaus: Beendigung des Schiedsverfahrens durch Beschluss nach § 1056 ZPO, SchiedsVZ 2010, S. 281 ff.

Gottwald, Peter: Der Schiedsvergleich und der Schiedsspruch mit vereinbartem Wortlaut, in: *Breidenbach, Stephan/Coester-Waltjen, Dagmar/Heß, Burkhard/ Nelle, Andreas/Wolf, Christian:* Konsensuale Streitbeilegung – Akademisches Symposion zu Ehren von Peter Schlosser aus Anlass seiner 65. Geburtstages, Bielefeld 2001, S. 31 ff. (zitiert: *Gottwald,* in: Konsensuale Streitbeilegung).

Haas, Ulrich: Aufhebungsklage und Beendigungsbeschluss nach § 1056 Abs. 2 ZPO, SchiedsVZ 2010, S. 286 ff.

Haas, Ulrich: Rechtsmittel gegen einen Beendigungsbeschluss nach § 1056 Abs. 2 ZPO, in: *Kern, Bernd-Rüdiger/ Lilli, Hans*: Jurisprudenz zwischen Medizin und Kultur, Festschrift zum 70. Geburtstag von Gerfried Fischer, Frankfurt am Main 2010, S. 59 ff. (zitiert: *Haas,* in: Festschrift Fischer).

Hasselbarth, Franzisk: Schiedsgerichtsbarkeit und Grundgesetz, (Teil-) Verfassungswidrigkeit des reformierten Schiedsverfahrensrechts, Eine

Untersuchung zu den verfassungsrechtlichen Grundlagen der Schiedsgerichtsbarkeit und den Anforderungen an das Schiedsverfahrensrecht gem. §§ 1025 ff. ZPO, Lichtenberg 2004.

Höttler, Philipp: Das fingierte Schiedsverfahren, Schriftenreihe der Deutschen Institution für Schiedsgerichtsbarkeit, Band 20, Köln 2007.

Holtzmann, Howard/Neuhaus,Joseph: A guide to the UNCITRAL Model Law on International Commercial Arbitration: Legislative History and Commentary, Deventer1989.

Hußlein-Stich, Gabriele Das UNCITRAL-Modellgesetz über die internationale Handelsschiedsgerichtsbarkeit, Köln 1990.

Kornblum, Udo: „Ordre public transnational", „ordre public international" und „ordre public interne" im Recht der privaten Schiedsgerichtsbarkeit, in: *Habscheid, Walter/ Schwab, Karl Heinz,* Beiträge zum Internationalen Verfahrensrecht und zur Schiedsgerichtsbarkeit, Festschrift für Heinrich Nagel zum 75. Geburtstag, Münster 1987.

Kreindler, Richard/Schäfer, Jan/Wolf, Reinmar: Schiedsgerichtsbarkeit – Kompendium für die Praxis, Frankfurt 2006.

Kremer, Michael/Weimann, Thomas: Die Aufhebbarkeit von Schiedssprüchen, insbesondere Zwischen- oder Teilschiedssprüchen und den Auslegungsgrund – Widerspruch zu Prinzipien der Prozessökonomie?, SchiedsVZ 2007, S. 238 ff.

Kröll, Stefan: Die Entwicklung des Rechts der Schiedsgerichtsbarkeit 2005/2006, NJW 2007, S. 743 ff.

Kronke, Herbert/ Melis, Werner/ Kuhn, Hans: Handbuch Internationales Wirtschaftsrecht, 2. Auflage, Köln 2017.

Lachmann, Jens-Peter: Handbuch für die Schiedsgerichtspraxis, 3. Auflage, Köln 2008.

Lalive, Pierre/Poudret, Jean-Francois/Reymond, Claude: Le Droit de L'Arbitrage – Interne et International en Suisse, Lausanne 1989.

Landrove, Juan Carlos: European Convention in Human Rights´ Impact on Consensual Arbitration, An État des Lieux of Strasbourg Case-Law and of a Problematic Swiss Law Feature, in: *Besson, Samantha/Hottelier, Michael/Werro, Franz*: Human Rights at the Centre, 2006, S. 73 ff. (zitiert: *Landrove*, Human Rights at the Centre).

Lew, Julian/Mistelis, Loukas/Kröll, Stefan: Comparative International Commercial Arbitration, Den Haag 2003.

Madsen, Finn: Commercial Arbitration in Sweden, New York 2007.

Mankowski, Peter: Der Schiedsspruch mit vereinbartem Wortlaut, ZZP 114 (2001), S. 37 ff.

Marchisio, Giacomo: A comparative analysis of consent awards: accepting their reality, Arbitration International, 2016, 32, S. 331 ff.

Marshall, Enid A.: Gill: The Law of Arbitration, Fourth Edition, London 2001.

Matscher, Franz: Schiedsgerichtsbarkeit und EMRK, in: *Habscheid, Walter/ Schwab, Karl Heinz,* Beiträge zum Internationalen Verfahrensrecht und zur Schiedsgerichtsbarkeit, Festschrift für Heinrich Nagel, Münster 1987 (zitiert: *Matscher*, in: Festschrift Nagel).

Maunz, Theodor/ Dürig, Günter, Grundgesetz Kommentar, Band III, Art. 16 - 22, Stand 81. Lieferung, München September 2017 (zitiert: *Bearbeiter*, in: Maunz/ Dürig, GG).

Merkin, Robert: Arbitration Act 1996, An Annotated Guide, London 1996.

Müller, Christoph: Das Schweizerische Bundesgericht revidiert zum ersten Mal einen internationalen Schiedsspruch: eine Analyse im Lichte des neuen Bundesgerichtsgesetzes, SchiedsVZ 2007, S. 64 ff.

Müller, Christoph: International Arbitration – A Guide to the Complete Swiss Case Law (Unreported and Reported), Zürich 2004.

Münchener Kommentar zur ZPO, Band 1, 5. Auflage, München 2016 (zitiert: Bearbeiter, in: Münchener Kommentar ZPO).

Münchener Kommentar zur ZPO, Band 3, 5. Auflage, München 2017 (zitiert: *Bearbeiter,* in: Münchener Kommentar ZPO).

Münch, Joachim: Verjährungshemmung durch Erhebung einer Schiedsklage, in: *Bachmann, Birgit/ Breidenbach, Stephan/ Coester-Waltjen, Dagmar/ Heß, Burkhard/ Nelle, Andreas/ Wolf, Christian*: Grenzüberschreitungen, Beiträge zum Internationalen Verfahrensrecht und zur Schiedsgerichtsbarkeit, Festschrift für Peter Schlosser zum 70. Geburtstag, Tübingen 2005 (zitiert: *Münch*, in: Festschrift Schlosser)

Musielak, Hans Joachim/ Voit, Wolfgang: Kommentar zur ZPO, 16. Auflage, München 2019 (zitiert: *Bearbeiter*, in: Musielak/Voit, ZPO).

Mustill, Lord/Boyd, Stewart C: Commercial Arbitration, 2001 Companion Volume to the Second Edition, London 2001.

Nariman, Fali Sam: The Spirit of Arbitration, Arbitration International, 2000, Vol. 16 Nr. 3, S. 261.

Nedden, Jan Heiner/ Herzberg, Axel Benjamin, ICC SchiedsO- DIS SchiedsO, Hamburg/Berlin 2014 (zitiert: *Bearbeiter*, in: Nedden/Herzberg, ICC SchiedsO- DIS SchiedsO).

Palandt, Otto: Bürgerliches Gesetzbuch, 78. Auflage, München 2019 (zitiert: *Bearbeiter,* in: Palandt, BGB).

Pfisterer, Stefanie/Schnyder, Anton: Internationale Schiedsgerichtsbarkeit, Zürich 2010.

Poudret, Jean-Francois/*Besson, Sébastien*, Comparative Law of International Arbitration, 2. Auflage, Zürich 2002.

Prütting, Hanns/Gehrlein, Markus: ZPO Kommentar, 10. Auflage, Köln 2018 (zitiert: *Bearbeiter*, in: Prütting/Gehrlein, ZPO).

O´Hare John/ Browne Kevin: Civil Litigation, 14. Auflage, London 2009.

Rieger, Stefan/Petsche, Alexander/Fremuth-Wolf, Alice/Platte, Martin/Liebscher, Christoph: Arbitration Law of Austria: Practice and Procedure, New York 2007.

Rosenberg, Leo/Schwab, Karl Heinz/Gottwald, Peter: Zivilprozessrecht, 17. Auflage, München 2010.

Rützel, Stefan/ Wegen, Gerhard/ Wilske, Stephan: Commercial Dispute Resolution in Germany – Litigation Arbitration Mediation, 2. Auflage, München 2016.

Saenger, Ingo: ZPO Handkommentar, 5. Auflage, Baden-Baden 2013 (zitiert: *Bearbeiter,* in: HK-ZPO).

Saenger, Ingo: Die Vollstreckung aus Schiedsvergleich und Schiedsspruch mit vereinbartem Wortlaut, MDR 1999, S. 662 ff.

Salpius, Eugen: The decision to settle, Arbitration 2003, 69 (3), S. 155 ff.

Schlosser, Peter: Das neue deutsche Recht der Schiedsgerichtsbarkeit, in: *Gottwald, Peter*: Revision des EuGVÜ – Neues Schiedsverfahrensrecht, Bielefeld 2000 (zitiert: *Schlosser*, in: Revision des EuGVÜ – Neues Schiedsverfahrensrecht).

Schroeder, Hans-Patrick: Zur Aufhebung von Scheinschiedssprüchen und anderen formellen Schiedssprüchen durch staatliche Gerichte – Ein Beitrag zur Auslegung des Begriffs „Schiedsspruch" in § 1059 ZPO, SchiedsVZ 2005, 244.

Schroth, Hans-Jürgen: Die „kleine Berufung" gegen Schiedsurteile im deutschen Recht, SchiedsVZ 2007, S. 291 ff.

Schütze, Rolf: Schiedsgericht und Schiedsverfahren, 6. Auflage, München 2016.

Schütze, Rolf: Institutional Arbitration, 3. Auflage, Köln 2013

Schütze,Rolf/ Tscherning,Dieter/ Wais,Walter: Handbuch des Schiedsverfahrens – Praxis der deutschen und internationalen Schiedsgerichtsbarkeit, 2. Auflage, Berlin 1990.

Schütze, Rolf: Die gerichtliche Überprüfung von Entscheidungen des Schiedsgerichts, SchiedsVZ 2009, S. 241 ff.

Schütze, Rolf: Der Schiedsspruch mit vereinbartem Wortlaut, in: *Rauscher, Thomas/Mansel, Heinz-Peter:* Festschrift für Werner Lorenz zum 80. Geburtstag, München 2001, S. 275 ff. (zitiert: *Schütze*, in: Festschrift Lorenz).

Schwab, Karl Heinz/Walter, Gerhard: Schiedsgerichtsbarkeit, 7. Auflage, München 2005.

Söderlund, Christer: Vergleichender Überblick zur Schiedsgerichtsbarkeit in Deutschland, England, Russland und Schweden, SchiedsVZ 2004, S. 130 ff.

Sponheimer, Frank: Überlegungen zur Dogmatik des schiedsgerichtlichen Vergleiches und zum Schiedsspruch mit vereinbartem Wortlaut, in: *Geimer, Reinhold/Schütze, Rolf* , Festschrift für Athanassios Kaissis, 2012, S. 933 ff. (zitiert: *Sponheimer*, in: Festschrift Kaissis).

Sponheimer, Frank: Gestaltungsfreiheit bei antezipiertem Legalanerkenntnis des Schiedsspruchs, Tübingen 2010.

Stein, Friedrich/Jonas, Martin: ZPO, Kommentar zur Zivilprozessordnung, Band 4, 22. Auflage, Tübingen 2008 (zitiert: Bearbeiter, in: Stein/Jonas, ZPO).

Stein, Friedrich/Jonas, Martin: ZPO, Kommentar zur Zivilprozessordnung, Band 5, 23. Auflage (diese herausgegeben von: *Bork, Reinhard/ Roth, Herbert*), Tübingen 2015 (zitiert: *Bearbeiter*, in: Stein/Jonas, ZPO).

Stein, Friedrich/Jonas, Martin: ZPO, Kommentar zur Zivilprozessordnung, Band 10, 23. Auflage (diese herausgegeben von: *Bork, Reinhard/ Roth, Herbert*), Tübingen 2014 (zitiert: *Bearbeiter*, in: Stein/Jonas, ZPO).

Sutton, David St John/Gill, Judith/Gearing, Matthew: Russel on Arbitration, 24. Auflage, London 2015.

Thomas, Heinz/Putzo Hans: ZPO, 40. Auflage, München 2019 (zitiert: *Bearbeiter*, in: Thomas/Putzo ZPO).

Torggler, Hellwig/Mohs, Florian/Schäfer, Friederike/Wong, Venus Valentina: Handbuch Schiedsgerichtsbarkeit, Deutschland – Österreich – Schweiz, 2. Auflage, Wien 2017 (zitiert: *Bearbeiter*, in: Torggler ua., Handbuch der Schiedsgerichtsbarkeit).

Tweeddale, Andrew/Tweeddale, Keren: Arbitration of Commercial Disputes, International and English Law and Practice, Oxford 2005.

Vollkommer, Max: Zur Einführung der Gehörsrüge in den Zivilprozess, in: *Gottwald, Peter/Roth, Herbert*, Festschrift für Ekkehard Schumann, Tübingen 2001 (zitiert: *Vollkommer*, in Festschrift Schumann).

Von Mangoldt, Hermann/Klein, Friedrich/Starck Christian: Grundgesetz Kommentar, Band 1, 6. Auflage, München 2010 (zitiert: *Bearbeiter*, in: Mangoldt/Klein/Stark, GG).

Von Münch, Ingo/Kunig, Philip, Grundgesetz Kommentar, Band 1, 6. Auflage, München 2012 (zitiert: Bearbeiter, in: Von Münch/Kunig, GG).

Voßkuhle, Andreas: Bruch mit einem Dogma: Die Verfassung garantiert Rechtsschutz gegen den Richter, NJW 2003, S. 2193 ff.

Walter, Gerhard/Bosch, Wolfgang/Brönnigmann, Jürgen: Internationale Schiedsgerichtsbarkeit in der Schweiz, Kommentar zu Kapitel 12 des IPR-Gesetzes, Bern 1991.

Waßmuth, Guido: Richtigkeitskontrolle und Rechtskraft des Schiedsspruches mit vereinbartem Wortlaut, Köln 2013.

Westermann, Peter/Grunewald, Barbara/Maier-Reimer, Georg: Erman Bürgerliches Gesetzbuch, Band I und II, 15. Auflage, Köln 2017 (zitiert: *Bearbeiter*, in: Erman BGB).

Wieczorek, Bernhard/ Schütze, Rolf: Zivilprozessordnung und Nebengesetze, Großkommentar, Band 11, 4. Auflage, Berlin/Boston 2014.

Wighardt, Nils Christian: Verfahrensfragen bei der Zurückverweisung der Sache an das Schiedsgericht, SchiedsVZ 2010, S. 252 ff.

Wiget, Matthias: Vergleich, Klageanerkennung und Klagerückzug vor Schiedsgerichten unter Einbezug des IPRG, des Konkordats über die Schiedsgerichtsbarkeit sowie den Entwurf einer schweizerischen Zivilprozessordnung, Zürich 2008.

Wolff, Reinmar: Zurückweisung der Sache an das Schiedsgericht nach Aufhebung des Schiedsspruchs – zu den „geeigneten Fällen" nach § 1059 Abs. 4 ZPO, SchiedsVZ 2007, S. 254 ff.

Zippelius, Reinhold: Juristische Methodenlehre, 11. Auflage, München 2012.

Zöller, Richard (Begr.): ZPO, Kommentar, 32. Auflage, Köln 2018 (zitiert: *Bearbeiter*, in: Zöller ZPO).

www.ingramcontent.com/pod-product-compliance
Ingram Content Group UK Ltd.
Pitfield, Milton Keynes, MK11 3LW, UK
UKHW021940290926
8980IPUK00016B/1730

9 783631 818312